中国英语阅读教育研究院
CHINA ENGLISH READING ACADEMY

2023年
中国中小学英语阅读教育发展研究报告

《中国中小学英语阅读教育发展研究报告》编写组 ⊙ 编著
王　蔷　罗少茜　陈则航 ⊙ 学术指导

外语教学与研究出版社
FOREIGN LANGUAGE TEACHING AND RESEARCH PRESS
北京 BEIJING

图书在版编目（CIP）数据

2023年中国中小学英语阅读教育发展研究报告 /《中国中小学英语阅读教育发展研究报告》编写组编著 ；王蔷，罗少茜，陈则航学术指导．-- 北京 ：外语教学与研究出版社，2024.4
ISBN 978-7-5213-5224-5

Ⅰ．①2… Ⅱ．①中… ②王… ③罗… ④陈… Ⅲ．①中小学－英语－阅读教学－研究报告－中国－2023 Ⅳ．①G633.412

中国国家版本馆CIP数据核字（2024）第081229号

中文书名
2023 NIAN ZHONGGUO ZHONGXIAOXUE YINGYU YUEDU JIAOYU FAZHAN YANJIU BAOGAO

出 版 人 王 芳
项目策划 许海峰 刘秀玲
项目统筹 齐相林 鲁毓婷
项目执行 张小萌 王金梦 朱琳芷
责任编辑 周悉然
责任校对 姚 璐
封面设计 彩奇风
出版发行 外语教学与研究出版社
社 址 北京市西三环北路19号（100089）
网 址 https://www.fltrp.com
印 刷 北京捷迅佳彩印刷有限公司
开 本 710×1000 1/16
印 张 8.5
字 数 155千字
版 次 2024年4月第1版
印 次 2024年4月第1次印刷
书 号 ISBN 978-7-5213-5224-5
定 价 159.00元

如有图书采购需求，图书内容或印刷装订等问题，侵权、盗版书籍等线索，请拨打以下电话或关注官方服务号：
客服电话：400 898 7008
官方服务号：微信搜索并关注公众号“外研社官方服务号”
外研社购书网址：https://fltrp.tmall.com

物料号：352240001

记载人类文明
沟通世界文化
www.fltrp.com

序 言

教育兴则国兴，教育强则国强。教育是提高人民综合素质、促进人的全面发展的重要途径，是民族振兴、社会进步的重要基石，是对中华民族伟大复兴具有决定性意义的事业。阅读是教育的基石，阅读能力是最基础、最关键的学习能力，因此阅读的重要性不言而喻。2023 年全国教育工作会议上提出“要把开展读书活动作为一件大事来抓，引导学生爱读书、读好书、善读书”。2023 年 3 月，教育部等八部门联合印发《全国青少年学生读书行动实施方案》，旨在通过丰富学生读书内容、创新读书行动载体、健全读书长效机制等措施，通过 3 到 5 年的努力，使广大青少年学生阅读量明显增长，阅读兴趣、阅读能力持续提升，为养成终身阅读习惯打好根基，促进中华优秀文化的传承与发展。

阅读教育作为培养学生综合素养和批判性思维的重要方式日益受到重视。通过加强阅读教育，可以帮助学生提升阅读理解能力、扩展知识面、培养批判性思维和创新能力，进而促进学生全面发展。深化阅读教育改革在基础教育课程教学改革中具有重要意义，可以有效提升学生综合素养，推动教育质量不断提高。

基于上述认识，经过数月的资料研究及行业调研，中国英语阅读教育研究院（简称“中阅院”）研制了《2023 年中国中小学英语阅读教育发展研究报告》。本报告回顾 2023 年度教育热词；全面展示国内外英语阅读教育理论与实践的最新研究成果，总结英语阅读教育研究的前沿方向；对英语阅读教育行业的重要资讯进行梳理，包括纸质图书、数字产品和重要学术会议活动等，为教育工作者提供丰富的、可参考的英语阅读教育资源。本报告特设“数字化阅读专题研究”和“英语阅读教育改革专题研究”，旨在通过分析数字化阅读最新发展趋势，分享英语阅读教育改革经验，帮助英语教育工作者抓住育人方式变革这个突破口，借由阅读教育打开创新人才培养的新局面。

本报告适合从事英语阅读教育研究与实践的大中小学教师、教研人员和对英语阅读教育感兴趣的人士阅读。

《中国中小学英语阅读教育发展研究报告》编写组

目 录

第一部分

英语阅读教育发展年度报告

第一章

阅读教育年度热评

本章结合 2023 年教育新政和热点话题，摘录外语教育、阅读教育相关思想和观点，为外语教育工作者开阔视野，提供借鉴。

一、全国青少年学生读书行动

2023 年 3 月，教育部等八部门联合印发《全国青少年学生读书行动实施方案》（以下简称《方案》），旨在引导激励青少年学生爱读书、读好书、善读书，立志为中华民族伟大复兴而读书，切实增强历史自觉和文化自信，着力培养德智体美劳全面发展的社会主义建设者和接班人。2023 年 6 月至 11 月，教育部开展全民阅读活动，包括开展主题阅读活动、开展"社长（总编）荐书"活动、开设线上社会大讲堂、开展数字阅读分享活动。

人生虽然有不同的阅读时期、不同的阅读重点、不同的阅读趣味、不同的阅读内容，但是，儿童时期的阅读起着关键性和基础性的作用。……一个国家的竞争力从本质而言，不取决于它的物质力量，而取决于它的精神力量。一个国家的精神力量，不取决于这个国家的人口数量，而取决于国民的阅读能力，一个民族的精神境界取决于这个民族的阅读水平。今天的儿童青少年就是未来中国的主人翁，他们今天所形成的核心素养、德行品格、精神趣味，代表着未来的国民素质，直接影响到未来国家的基础。所以，儿童青少年的阅读对于一个国家的未来，起着举足轻重的作用。

——《中国教育报》采访中国陶行知研究会会长、苏州大学新教育研究院教授朱永新（2023 年 3 月 27 日）

《方案》的颁布可谓恰逢其时，紧扣青少年成长规律和阅读规律。……二是课程建设，即打造打造形式多样、喜闻乐见的阅读课，并结合各学科教学开展跨学科学习活动，有针对性地指导学生进行专题阅读；在教学方法上，重视群文共读、整本书阅读等，以阅读引领研究性学习，以阅读推进职业生涯规划，做到阅读与写作相结合，阅读与生活合而为一。

……《方案》还突破了传统的阅读误区，如不设硬性指标，不以考试、“打卡接龙”等方式考核读书数量和检查阅读效果，不增加学生、教师及家长负担。此举抓住了推动阅读的关键，最大限度地避免了青少年阅读的简单化、功利化、形式化，有助于凝聚校园阅读和亲子共读合力。读书无定法，阅读方式也要因人而异。……阅读唯有回到兴趣和生活本身，才能真正发挥启智润心、涵养人格的积极作用，让青少年从读所爱之书走向读各种门类图书，走出校园之后依然亲近好书，阅读过程中做到眼到、手到、心到，成为真正的终身读者。

——《遵循阅读规律成就青少年精彩未来》（《中国教育报》评《全国青少年学生读书行动实施方案》的发布，2023 年 4 月 7 日）

开展青少年学生读书行动。将青少年学生读书行动与学校教育教学有机结合。结合各学科课程教学和跨学科主题教学活动，有针对性地指导学生阅读相关课内外读物。营造良好的阅读氛围和环境，开设品牌阅读活动项目，开展丰富多彩的阅读活动。

——《教育部办公厅关于推荐义务教育教学改革实验区和实验校的通知》（2023 年 12 月 18 日）

通过在全国范围内遴选树立先进典型，充分发挥示范引领作用，带动各地教育行政部门和各级各类学校更加重视青少年阅读，“书香校园”建设更为普及深入，校内外读书氛围更为浓厚，“学习新思想 做好接班人”“学科学 爱科学”“典耀中华”等主题更加凸显，各具特色的品牌读书活动更加丰富，推动全国青少年学生读书行动广泛深入开展，广大青少年学生阅读量明显增长，阅读兴趣、阅读能力持续提升，终身阅读的习惯逐渐养成。

……

参选的普通中小学校应读书氛围浓厚，有明确的读书行动实施方案，对推荐阅读书目有审核把关机制，“书香校园”建设取得一定成效，图书馆（室）藏书资源丰富优质，读书活动丰富多彩，开设有阅读课或阅读指导课，校内读书机制健全并具有可持续性。学生参与度高，教师指导有力，有良好的家校互动。

——《教育部办公厅关于开展2023年全国青少年学生读书行动优秀案例和“书香校园”遴选活动的通知》（2023年12月18日）

二、学校、家庭、社会协同育人

2023年1月，教育部等十三部门发布《关于健全学校家庭社会协同育人机制的意见》（以下简称《意见》），这是贯彻落实党的二十大精神，深化教育综合改革，构建良好育人生态，落实立德树人根本任务，培养担当民族复兴大任时代新人的重要举措，其中提出“到2035年，形成定位清晰、机制健全、联动紧密、科学高效的学校家庭社会协同育人机制”。

健全学校家庭社会协同育人机制的根本目的，是要构建学校家庭社会协同育人的良好教育生态。……《意见》提出“坚持科学教育观念，增强协同育人共识”。这里的“育人共识”关键是学校家庭社会具有共同的教育价值共识，就是“遵循素质教育理念和未成年人身心发展规律”“着力培养德智体美劳全面发展的社会主义建设者和接班人。”……促进学校家庭社会协同育人，绝不是让学校家庭社会都围绕着学生的考试升学转，而是要发挥学校家庭社会教育的各自优势，促进学生的全面发展、健康成长。

——**张志勇**　北京师范大学教授、国家高端智库教育国情调查中心主任，
教育部基础教育家庭教育指导专委会主任委员
（《构建学校家庭社会协同育人新生态》）

学校家庭社会协同育人是促进儿童和青少年全面发展、健康成长的必然要求，也是落实新时代教育发展改革新要求的必然选择。……充分发挥各级政府及相关部门在构建学校家庭社会协同育人机制的统筹协调的作用，是破解协同育人长期以来存在

的职责定位不够清晰、协同机制不够健全、条件保障不够到位等突出问题的重要突破口。……学校家庭社会协同育人是指通过学校的枢纽和核心领导的作用，促进家校合作，整合社会资源，使得家庭、学校、社会形成联结，从而共同促进学生发展的过程。

——**边玉芳**　北京师范大学儿童家庭教育研究中心主任、教授、博士生导师，
教育部基础教育家庭教育指导专委会秘书长
（《做好学校家庭社会协同育人 推动新时代基础教育扩优提质》）

三、教育数字化 / 数字化赋能教育

2023 年 2 月，世界数字教育大会在北京召开，期间举行了“数字化赋能基础教育高质量发展”平行论坛。教育部副部长王嘉毅指出，中国政府高度重视基础教育数字化，注重发挥数字技术对基础教育的引领、推动作用，将数字化与基础教育改革发展同谋划、同部署、同推进。他表示，中国举办着世界上最大规模的基础教育，以数字化赋能基础教育高质量发展，是面向新时代的战略选择和必由之路。中国将坚定不移推进基础教育数字化战略行动，努力为全体中小学生享有更加公平、更高质量的基础教育提供强有力支撑。

2023 年全国教育数字化现场推进会要求，大力推进国家教育数字化战略行动，加快建设教育强国，不断改进和完善国家智慧教育平台，赋能学生学习、教师教学、学校治理、教育创新和国际交流。

教育数字化是我国开辟教育发展新赛道和塑造教育发展新优势的重要突破口。进一步推进数字教育，为个性化学习、终身学习、扩大优质教育资源覆盖面和教育现代化提供有效支撑。

——**习近平**

（2023 年 5 月 29 日在主持中共中央政治局就建设教育强国进行第五次集体学习时的重要讲话）

引导、激励、支撑数字时代的学生阅读，是我们大力推进教育数字转型、智能转型、绿色转型的一个缩影。要坚持应用为王、服务至上，坚持问题导向、效果导向，建设国家教育数字化大数据中心，充分发挥国家智慧教育平台赋能学生学习、教师教学、学校管理、教育研究、教育国际交流合作的作用，全面推进教育数字化，建设全民终身学习的学习型社会、学习型大国。

——**怀进鹏** 教育部党组书记、部长

（2023年3月28日在全国青少年学生读书行动启动暨国家智慧教育读书平台开通仪式上的讲话）

推进数字化赋能。探索建立服务区域义务教育教学改革的数字化平台，丰富和拓展线上教学资源，指导学校探索信息技术在教学和教研中的深度应用，推动线上线下融合教学。强化数据赋能，推进因材施教、个性化学习和过程性评价。加强国家中小学智慧教育平台的应用培训，指导学校和教师在日常教学中常态化有效应用。

——《教育部办公厅关于推荐义务教育教学改革实验区和实验校的通知》（2023年12月18日）

四、基础教育课程教学改革

2023年5月，教育部印发《基础教育课程教学改革深化行动方案》（以下简称《行动方案》），从课程方案落地规划、教学方式变革、科学素养提升、教学评价牵引、专业支撑与数字赋能等5个方面提出了14项举措，紧紧抓住制订课程实施规划、实施教学改革重难点攻坚、加强科学教育、数字化赋能教学等关键环节和重点领域，推动课程教学改革落到实处。

建设教育强国，基点在基础教育。基础教育搞得越扎实，教育强国步伐就越稳、后劲就越足。要推进学前教育普及普惠安全优质发展，推动义务教育优质均衡发展和城乡一体化。基础教育既要夯实学生的知识基础，也要激发学生崇尚科学、探索

未知的兴趣，培养其探索性、创新性思维品质。要在全社会树立科学的人才观、成才观、教育观，加快扭转教育功利化倾向，形成健康的教育环境和生态。

——**习近平**

（2023 年 5 月 29 日在主持中共中央政治局就建设教育强国进行第五次集体学习时的重要讲话）

此次课程教学改革深化行动是本世纪以来基础教育课程改革的发展和深化……是教育部层面围绕学校人才培养的关键环节与重要领域所做出的重要部署和攻坚计划，不是推翻已有实践基础的另起炉灶。……此次出台的《行动方案》，主要目的就是推动核心素养导向的育人蓝图转化落地。……基础教育课程教学改革创新的关键便是建构与新课程理念、新教学要求相适应的工作机制，不断激发广大教育工作者投身课程教学改革的积极性和创造性。……为学校特色建设、为教师自主发展和学生个性成长留有空间和余地，激发基层改革活力，让先进教育思想理念、鲜活教学经验做法从学校土壤中不断生长出来。

——**柳夕浪**　中国教育学会学术委员、山东师范大学教育学部讲座教授

（《深化基础教育课程教学改革的战略行动》）

《基础教育课程教学改革深化行动方案》的行动目标要求“教师教学行为和学生学习方式发生深刻变革”。教学方式的陈旧和保守是过去、当前和未来基础教育教学改革的一大顽瘴痼疾，长期制约着以学生为中心的教学和创造性人才培养。教育部有关基础教育的改革文件都强调要“尊重学生的主体地位，发挥教师主导作用，注重启发式、互动式、探究式教学，克服单纯教师讲学生听、教知识学知识的现象，引导学生主动思考、积极提问、自主探究”，这是完全正确的，道出了教育教学改革的真谛和方向。

——**李盛兵**　华南师范大学教育科学学院院长、教授、博士生导师

五、基础教育扩优提质

2023 年 6 月，中共中央办公厅、国务院办公厅印发《关于构建优质均衡的基本公共教育服务体系的意见》，要求全面保障义务教育优质均衡发展，加快缩小区域、城乡、校际和群体教育差距。

2023 年 8 月，教育部会同国家发展和改革委员会、财政部出台了《关于实施新时代基础教育扩优提质行动计划的意见》，组织实施基础教育扩优提质行动计划。同年 11 月，教育部召开了全国义务教育优质均衡发展现场推进会，进一步明确了义务教育优质均衡发展的目标任务和工作要求，我国义务教育迈上了优质均衡发展的新征程。

新时代人人享有的优质教育，有两个重要内涵：一是高质量高水平基础教育公共服务的“均等化”，这里的“均等化”，是高水平高标准的经费、条件、师资、校长等公共服务资源的均等配置；二是这里的优质公共教育服务具有可及性，也就是人人可以便捷获得的。通俗讲，要办好老百姓家门口的“好学校”。

——**张志勇** 北京师范大学教授、国家高端智库教育国情调查中心主任，
教育部基础教育家庭教育指导专委会主任委员
（《加快推进基础教育强国建设的重大战略行动》，2023 年 8 月 31 日）

按照规划目标，到 2035 年全国绝大多数县域实现义务教育优质均衡发展……我们将重点从五个方面推进这项工作。第一，补齐短板，推进学校建设标准化。……第二，抬高底部，推进城乡教育一体化。……第三，抓住关键，推进师资配置均衡化。……第四，数字赋能，推进资源共享智慧化。……第五，促进公平，推进教育关爱制度化。……第五，教育部将多措并举，积极开展县域义务教育优质均衡创建工作，推动任务落地见效。

——《国务院新闻办发布会介绍“加快建设教育强国 办好人民满意的教育”有关情况》（2023 年 7 月 6 日）

第二章

国内英语阅读教育研究综述

本章对英语阅读教育领域的热点话题和相关研究方向进行概述。首先，回顾 2023 年英语阅读教育研究中的三个热点话题，包括单元整体教学、“教—学—评”一体化和读写结合教学。其次，介绍 2023 年英语阅读教育研究的其他相关话题，如“英语跨学科主题学习”和“家校协同阅读育人”。最后，通过一线阅读教学实操板块，分享英语教师在阅读教学中常用的工具、策略和方法。

一、2023 年英语阅读教育热点研究

《普通高中英语课程标准（2017 年版 2020 年修订）》（以下简称《高中新课标》）和《义务教育英语课程标准（2022 年版）》（以下简称《义教新课标》）均构建了由语言能力、文化意识、思维品质和学习能力四个方面构成的核心素养目标，强调了以主题为引领的单元整体教学路径，秉持语言、文化、思维和学习能力发展为一体的英语学习活动观，提出了“教—学—评”一体化的整体育人观。通过对主要期刊发表的论文进行聚类分析发现，2023 年“单元整体教学”“‘教—学—评’一体化”“读写结合教学”等成为英语教育工作者热衷研究的方向，这体现出教育工作者对新课标理念的深入学习与积极实践。本报告也将对此三个热点议题进行深入探讨与解读，为英语阅读教育研究者提供研究方向上的参考。新课标理念下的中小学英语课程体系不再是碎片化的、零散的体系，而是一个素养导向的整合、关联、发展的完整学科育人体系（王蔷等，2022）。这种整体性在教育工作者所撰写的论文中也有充分的体现，“单元整体教学”方向的论文中也会涉及“‘教—学—评’一体化”及“读写结合教学”的内容，因此本报告三个研究热点分析的内容可能会有部分重叠。

图 2-1　2023 年阅读教育研究词云图

（一）单元整体教学

《高中新课标》和《义教新课标》均明确提出“加强单元教学的整体性”的教学建议。教师要以单元教学目标为统领，组织各语篇教学内容，规划系列教学活动，实施单元持续评价，引导学生在学习过程中逐步建构对单元主题的认知，发展能力，形成素养。单元整体教学是教师基于课程标准，围绕特定主题，深入解读、分析、整合和重组教材等教学资源后，结合学习主体的需求，搭建各语篇子主题相互关联、逻辑清晰的完整教学单元，使教学能够围绕一个完整的单元主题设定目标，引导学生通过对不同单一语篇的学习提炼并建立关联（王蔷等，2021）。单元整体教学是培养学生学科核心素养的重要途径和方式，2023 年研究者主要围绕单元整体教学，阐述主题教学的概念和内涵，介绍如何进行单元整体教学说课，呈现单元整体教学下的课程实施，以及如何基于主题意义开展单元整体教学。

1. 如何提炼主题意义

对主题意义的提炼是单元整体教学的起点，厘清什么是主题以及如何从基于单元话题中提炼主题对提升教师的单元整体教学设计能力至关重要。张金秀（2023）阐述了中小学英语主题教学的概念和内涵，认为主题是具有价值倾向的话题观念，如“环境”是一个话题，“保护环境”是其蕴含的主题，“为什么保护环境”以及“如何保护环境”等是学生在教师引导下结合文本进行开放探究、自主建构的主题意义。她给出了三个主题提炼的实例，诊断分析了当下主题教学课堂实践中存在的问题，如概念混用、主题虚化、教学方式单一，并提出了主题教学的改进策略，即凝练适切的主题和创新课堂教学，教师通过巧妙地调整教学材料、深度嵌入学生的真实生活以及拓展知识输入等方式有效地帮助学生通过探究自主建构生成丰富的主题意义。王建平、王帆（2023）也针对日常英语教学实践中主题意义探究中存在的问题提了三点建议：1）教学设计应以学生的已有生活经验为起点，整合意义联结的学习内容，寻求与构建学生经验和课堂知识之间的联系，引导学生结合自身经验，通过知识间的关联与整合，建构新的知识体系；2）学习活动应指向实际生活中的问题解决，要让学习者能将所学知识迁移到真实社会情境中，参与问题解决的实践过程；3）基于主题意义的英语学习是学生自主思考的学习，是教师帮助学生建构知识和意义的过程，是主题意义明晰化的学习。

教师对主题意义的提炼能力可以在课例改进过程中不断提升。王建平、王帆

（2023）以《多维阅读（第 7 级）》中的读物《莉莉“生病”了》（*Lazy Lily*）阅读教学设计的打磨为例，介绍了教师将探究的主题意义调整为养成良好的生活习惯、树立健康生活的意识，并由此调整文本解读的顺序、问题链的设计以及评价活动使主题意义的探究方向更贴近学生的生活实际，从而让学生在探究主题意义的过程中，更好地投入思维与情感，实现深度学习。此课例的教学设计及设计意图如下表所示（表 2-1）。

表 2-1 《莉莉“生病”了》（*Lazy Lily*）教学设计及设计意图（王建平、王帆，2023）

文本顺序	教学目标	教学活动	设计意图	学生表现
故事封面	激发学生阅读兴趣，培养故事类绘本阅读策略。	教师出示绘本封面，就绘本题目等信息与学生进行交流。	引导学生关注绘本基本信息，通过提问启发学生思考，激发阅读兴趣。	学生能够通过观察封面获取绘本题目、人物、场景等基本信息，了解内容梗概。
故事起因	理解故事发生的场景及故事开端。	师生共读绘本第 2—5 页，学生观察图片中的场景、人物及其表情等，并就此展开问答和讨论。	通过师生复现与模仿故事人物的对话，激发学生阅读兴趣，使学生初步理解故事细节。	学生能够了解故事人物、场景及故事冲突的起因。
故事结局	了解故事结局，激发探究故事发展的兴趣。	学生自读绘本第 12—15 页，先行了解故事结局。	增强起因与结局之间的反差，为中间的情节埋下伏笔，制造悬念，进一步引发学生的阅读兴趣，丰富学生的阅读感受。	学生在故事起因和结局的反差中，对故事发展产生浓厚的兴趣。
故事发展	了解更多细节信息，把握故事发展的经过。	学生小组共读绘本第 6—11 页，梳理故事发展的细节。	聚焦细节信息，帮助学生分层次获取事实性信息，理解绘本内容。	学生在小组共读中全面理解人物特点，梳理故事全貌，并把握细节信息。

2. 如何进行单元整体教学设计

在单元整体教学设计中，教师通过整合单元教学内容、提炼单元主题意义、挖掘单元育人价值、设定单元整体教学目标，使教学由零散走向关联、由传授走向运用、由浅层走向深层，从而使学生在全身心参与和体验丰富而有意义的学习活动中，发展语言能力、文化意识、思维品质和学习能力，推动核心素养在课堂落地（王蔷等，2021）。

郑鸿颖、吴美君（2023）提出指向单元整体教学的英语课程逆向设计，即以单元教学目标为核心、以评价为导向设计教学活动，将教学目标、教学评价与教学活动动态结合，进而提升教学活动的整体性、针对性、逻辑性和生成性。樊波、廖燕青（2023）从教师说课的角度，细致介绍了如何进行大单元整体教学设计。通常大单元整体设计应该遵循以下步骤进行：1）依据课标和教材内容确立单元主题；2）具体分析单元子语篇，建立语篇之间的关联，进行必要的梳理和整合，形成单元内容框架；3）关注学情分析，把握学生学习的起点；4）制订单元教学目标和分课时教学目标；5）设计体现“教—学—评”一致性的课堂教学活动。

郑鸿颖、吴美君（2023）强调，教学目标应着眼于指向学生核心素养的大概念，以此统摄和组织教学过程，使单元教学结构化、系统化；课时教学目标为实现大概念服务，在确定单元大概念后，根据学生的认知特点制订可以实现这一大概念的、体现不同能力水平的课时目标。学生从达成简单目标过渡到复杂目标，从知识获取到能力提高再到素养发展，循序渐进，不断进阶。樊波、廖燕青（2023）以具体实例呈现了在单元整体教学中，教师如何强化素养立意，围绕单元主题，充分挖掘育人价值，确立单元育人目标和教学主线，建立单元内各语篇内容之间及语篇育人功能之间的联系，形成具有整合性、关联性、发展性的单元育人蓝图（图 2-2）。

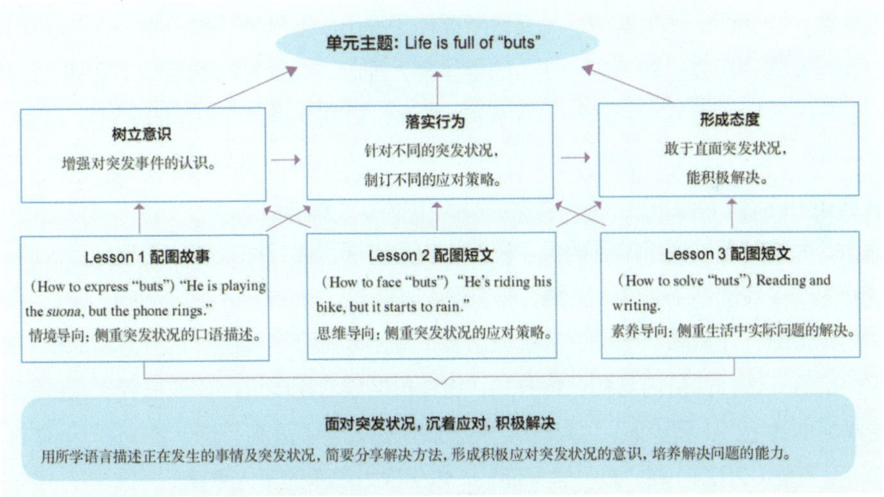

图 2-2　Life is full of “buts”单元内容框架（樊波、廖燕青，2023）

在分课时目标和活动的设计上，要建立分课时目标之间的关联性，确保教学活动逻辑连贯、层层递进，且要体现“教—学—评”在目标和内容上的一致性（郑鸿颖、吴美君，2023；樊波、廖燕青，2023）。樊波、廖燕青（2023）以具体实例呈现了分课时目标之间的层层递进关系（表 2-2）。

表 2-2 Life is full of "buts" 单元分课时教学目标梳理（樊波、廖燕青，2023）

Lesson 1 情境导向 (How to express "buts")
1. 学生借助图片、音频和视频提取、梳理 Daming 生日会上发生故事的主要信息（学习理解）
2. 学生朗读故事并简单复述大意（学习理解）
3. 学生围绕主题和故事内容，运用"buts"描述 Daming 生日会上的突发状况（应用实践）
Lesson 2 思维导向 (How to face "buts")
1. 学生在听、说、读、看的活动中，理解语篇中发生在六个学生日常生活中的突发事件及对应的解决方法，制作相关思维导图（学习理解）
2. 学生在思维导图的提示下进行图文匹配，谈论人物遇到的突发状况及应对策略（应用实践）
3. 学生简要评价语篇中人物面对突发状况时采取的应对措施，在班级内讨论并与同伴分享自己会采取的应对措施（迁移创新）
Lesson 3 素养导向 (How to solve "buts")
1. 学生在问答活动中，获取与梳理三组图片的含义，创编关于图片中突发情况以及人物感受的范文（学习理解）
2. 学生观察范文并对核心句型进行仿写，在对比、分析范文的基础上梳理描述意外情况的文本框架结构（应用实践）
3. 学生借助文本框架结构图，在新情境中谈论突发状况、解决措施和人物感受（迁移创新）
4. 学生模仿范文结构和内容，写出几句意思连贯的话来描述不同场景下的突发状况、解决措施及人物感受（迁移创新）

（二）"教—学—评"一体化

《高中新课标》要求在实际教学中，教师应处理好评价与教和学之间的关系，推动教、学、评一体化实施。《义教新课标》提出，要推动"教—学—评"一体化设计与实施，树立"教—学—评"的整体育人观念，设计并实施目标、活动、评价相统一的教学，坚持以评促学、以评促教，将评价贯穿英语课程教学的全过程。"教—学—评"一体化的实质是教、学、评三者在目的、内容和方式等方面保持一致性（程晓堂、谢诗语，2023）。《义教新课标》中提出"教—学—评"一体化设计的评价理念，为破解考试评价难题提供了思路，也为将课程美好愿景转化为教学评协调一致的生动实践创造了条件（王蔷、蒋京丽，2023）。新课标不仅强调教、学、评的作用和价值，还从教、学、评的视角出发，提出教师要"明确评价应遵循原则，基于评价目标选择评价内容和评价方式，将评价结果应用到进一步改进教学和提高学生学习成效上"（罗少茜，2023）。关于如何在教学中落实"教—学—评"一体化，李亮、王蔷（2023）将"教—学—评"一体化视为复杂的育人系统，并给出了"教—学—评"一体化的设计与实施步骤（图 2-3）。

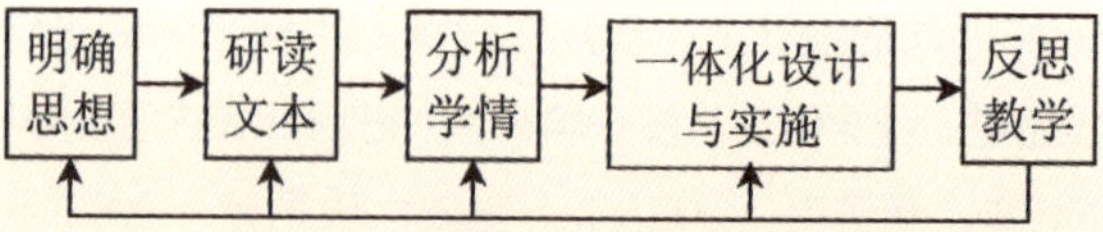

图 2-3 "教—学—评"一体化的设计与实施步骤（李亮、王蔷，2023）

为落实核心素养培养目标，教学评价要超越原来聚焦单一课时知识点的评价，转而围绕指向素养的单元目标和学习任务实施基于单元的科学、系统的评价。王蔷、蒋京丽（2023）给出了英语课程单元学习评价连续体（图 2-4），从左到右分别通过聚焦对语言知识和语言技能的测试，评价学生记忆、识别、简单应用等低阶思维能力；通过课堂问答、可视化思维工具、课堂展示、口笔头作业、评价量表等方式，评价学生在学习过程中对所学内容的理解、内化和表达所反映出来的中阶思维能力；通过 KWL 调查表、单元总结、档案袋、问卷调查、单元测验等方式，评价学生综合运用语言和元认知策略解决问题等高阶思维能力；最终通过指向素养的项目式学习、学习日志和反思性总结等方式，评价学生核心素养综合表现。

单元学习评价连续体：低阶—中阶—高阶—素养

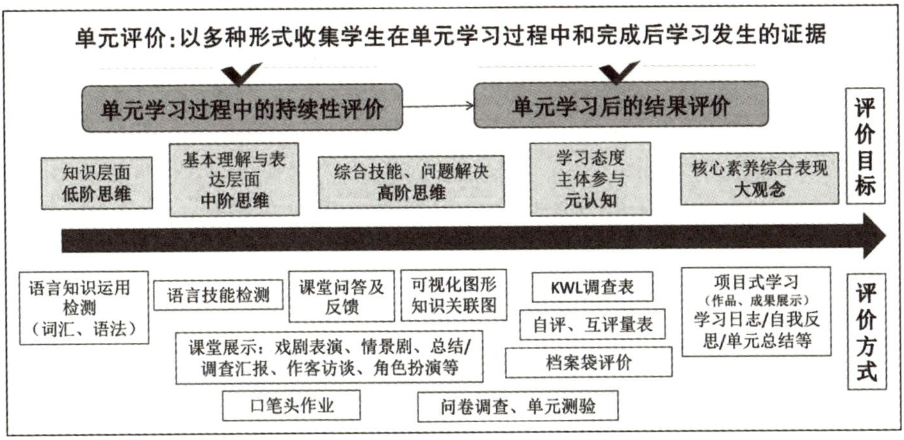

图 2-4　英语课程单元学习评价连续体（王蔷、蒋京丽，2023）

（三）读写结合教学

近年来读写结合教学方向的研究日益增多，越来越多的英语教育工作者在读写结合教学的意义和价值上已经取得了共识。读写结合教学是落实新课标的有效途径。阅读与写作在认知过程上具有相似性，共享多个维度的知识，是互惠的过程，英语教学可以在读写任务上实现关联（王蔷，2021），读写平衡的教学能使两项技能同时增长（Graham 等，2017；转引自王蔷，2021），读写联合培养是一种更为有效的模式（王蔷，2021）。在新课标的引领下，单元整体教学中的读写结合受到重点关注。另外，受高考题型影响，读后续写也成为教师们研究的热点。2023 年，学者多从单元整体教学、读后续写等角度展开读写结合教学的实践研究，也有学者关注语料库、故事地图等教学工具在读写结合教学中的应用。

1. 单元整体读写结合教学

王芳（2023）认为，单元整体读写结合教学要将教材单元转化为教学单元，教师要围绕主题意义，统筹安排整个单元的教学内容，通过一系列主题探究活动开展读写关联的写作实践。她建议在具体教学中，教师要充分挖掘阅读材料，并向学生明示阅读材料与写作的共享知识，帮助学生建立起阅读与写作之间的有效关联。钱小芳等（2023）指出，高中读写结合教学可从深度学习的视角出发来整体设计，教师创设真实情境，激发学生的写作动机，通过设计一系列读写关联密切的活动，引导学生从阅读文本中自主总结和提炼写作方法和技巧，实现以读促写，并在内化和交流后迁移运用。武茜（2023）、陈国群（2023）和黄燕萍（2023）分别以具体案例展示了单元整体教学中的小学英语记叙文、议论文和应用文的读写结合教学实践。

在单元整体教学中借助恰当的工具能够有效地对阅读理解和写作进行过程性指导，帮助学生在阅读文本与写作内容之间建立起连接，同步解决学生文本理解和写作构思问题。武茜（2023）借助“Watermelon vs. Seeds 组织结构图”帮助学生理解和内化叙事类文本结构，并确定写作主题和写作结构。陈国群（2023）使用“雨伞组织结构图”帮助学生理解议论文文本结构，并搭建议论文写作框架。黄燕萍（2023）用“故事内容 U 形图”帮助学生梳理日记体文本，再借助“故事小屋图”指导学生续写日记。在前述单元整体读写教学案例中，教师能基于文本内容创设的情境入手，在情境、内容和语言等方面为写作进行铺垫，聚焦文本中的语言表达方式，引导学生学习写作微技巧；分析并评价阅读内容和人物情感，结合实际生活展开想象，进行思考，发表观点；通过书面形式表达自己的情感、态度和价值观，创造性地解决新情境中的新问题（王芳，2023）。

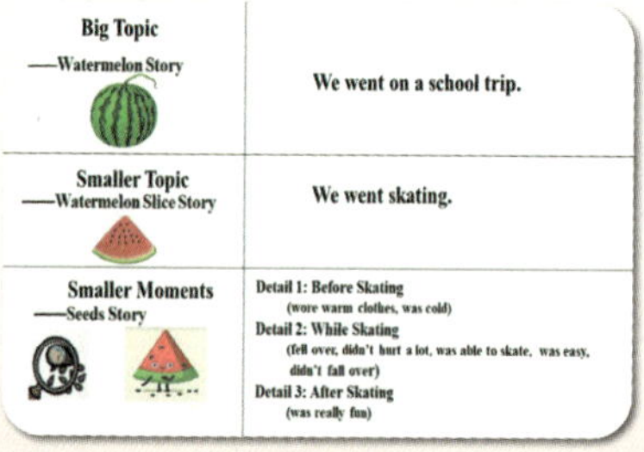

图 2-5　Watermelon vs. Seeds 组织结构图（武茜，2023）

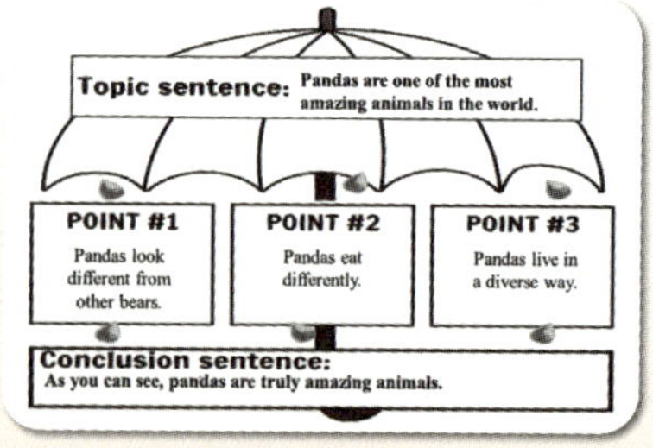

图 2-6　分析文本结构的雨伞组织结构图（陈国群，2023）

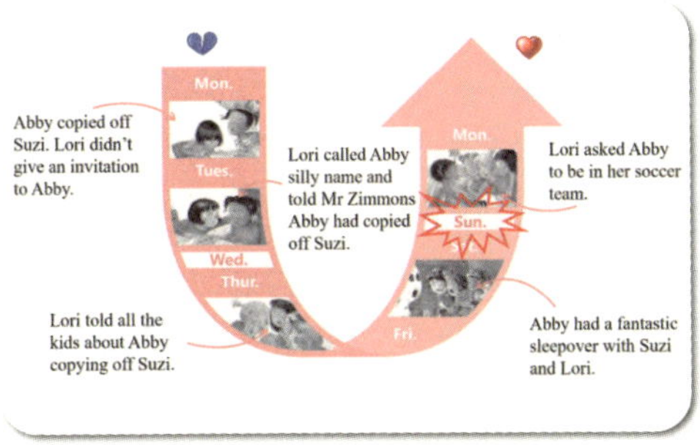

图 2-7　故事内容 U 形图（黄艳萍，2023）

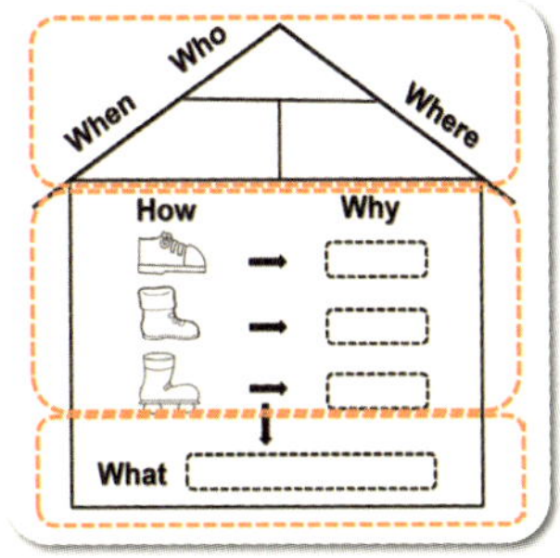

图 2-8　故事小屋图（黄艳萍，2023）

2. 读后续写教学

读后续写题型是高考新题型，2016 年 10 月在浙江高考中首次使用（张春青等，2017）。这一题型随着高考综合改革试点的扩大逐渐在全国各地高考中应用，有关读后续写的研究也日益增多。王琤等（2023）通过对比高分组和低分组学生续写的表现发现：高分组能够抓住原文的核心信息，揣摩人物性格及其动作、心理等，其续作与原文情节一致；低分组对原文信息的把握不到位，其续作与原文情节不衔接，出现离题现象。在分析高分组和低分组读后续写能力差异的基础上，他们建议结合产出导向法，从输入促成和输出驱动两个方面入手，强化协同能力，引发拉平效应，全面提升学生读后续写能力。

刘红梅、徐国辉（2023）基于《多维阅读（第 8 级）》中的读物《爱发脾气的蒂莉》（*Tilly's Tantrum*）的课例介绍了整本书续写的教学策略，即：选择有趣且有意义的故事文本，为读后续写提供必要条件；深度理解故事情节、语言与情感特征，为读后续写协同发展做好铺垫；创设续写情境，提供续写支架与评价标准，保障读后续写质量。王群、蒋宇红（2023）提出了一种新颖、有效的续写方式——读后续写微剧本，通过“阅读欣赏—写作模仿—创作回读—反思改进”各个环节反复循环、相互渗透，能有效解决学生写作时无话可说、抓不住重点的问题。

赵文娟、李伟（2023）指出在英语故事类文本读后续写教学中，教师恰当使用故事地图，可以帮助学生在阅读和写作过程中克服语言能力提升、思维品质发展、文化意识生成等方面的困难，提高故事类文本读后续写的课堂实效。他们以《阳光英语分级阅读（初二上）》中的读物《爱抱怨先生》（*The Man Who Enjoyed Grumbling*）为例，呈现了故事地图这一思维可视化工具在学生理解故事、分析故事和续写故事过程中所发挥的作用。在课前自主阅读阶段，学生可借助故事地图梳理并整合故事情节的逻辑发展；课上，教师结合故事地图通过不同层次的问题链，引导学生深入挖掘矛盾冲突，评价判断人物性格特征，连线实际生活，深化主题意义理解。通过故事地图这一工具，在教师的带领下学生实现了对故事情节、人物情感、矛盾冲突、人物性格的深入理解和剖析，完成了主题意义探究，帮学生找到了续写的突破点，也为读后续写做好了充足的语言和思维准备。

二、2023 年英语阅读教育相关研究

近年来，国家的教育政策一直在强调对学生核心素养的培养。核心素养是学生通过课程学习逐步形成的适应个人终身发展和社会发展需要的正确价值观、必备品格和关键能力。2019 年 2 月，中共中央、国务院印发《中国教育现代化 2035》，要求发展中国特色世界先进水平的优质教育，强调“全面落实立德树人根本任务，明确学生发展加强核心素养要求，加强课程教材体系建设，科学规划大中小学课程”。学生核心素养的培养靠单一学科教学无法完成，靠学校单一教育场景也无法完成，因此“跨学科主题学习”和“学校家庭社会协同育人机制”也是教育政策制定者和研究者关注的主要内容。英语教育工作者积极开展“英语跨学科主题学习”和“家校协同阅读育人”研究，不仅与当前国家教育政策方向一致，而且能满足新课标对学生核心素养以及终身学习能力培养的要求。本节对 2023 年学者在这两个方向上的研究进行总结，以为教育工作者提供参考。

（一）英语跨学科主题学习

1. 英语跨学科主题学习的内涵

《义教新课标》落实“加强课程综合，注重关联”，明确要求“开展跨学科主题教学，强化课程协同育人功能”，并要求“原则上各门课程用不少于 10% 的课时设计跨学科主题学习”。跨学科主题学习加强学科间相互关联，带动课程综合化实施、强化实践性要求，是提升人才培养质量的重要举措（郭华，2023）。就英语课程而言，跨学科主题学习是以英语学习为立足点的一种学习活动。英语跨学科主

题学习要基于英语学科的立场，以英语课程内容为依托，以主题为核心和纽带，统领、整合其他学科课程的学习内容、方法和思维方式，使不同学科的知识围绕主题有机融合，从而引导学生形成新的相对系统的认知和解决问题的方法和能力，促进学生核心素养的整体发展（王蔷、刘诗雨，2023a）。《义教新课标》在不同级别的“教学提示”中使用“英语综合实践活动”来表述“跨学科主题学习”。在这一表述中，“综合”和“实践”两个关键词不仅体现英语学科的跨学科特点，也体现英语学科的基础性、综合性和实践性特征（王蔷、刘诗雨，2023b）。

2. 英语跨学科主题学习与阅读的关系

英语跨学科主题学习与英语阅读之间存在密切的关系。首先，英语阅读是英语跨学科主题学习中不可或缺的一环，通过阅读跨学科主题的文本，学生可以接触到来自不同领域的知识和信息，拓宽视野，加深对主题的理解。英语阅读不仅仅是理解文字内容，更是获取跨学科知识的重要途径。其次，英语跨学科主题学习提供了丰富的阅读素材和语境，学生在跨学科主题学习中接触到来自各学科领域的文本内容，涉及科学、历史、社会等领域的知识，激发学生阅读的兴趣和动力。多样性的阅读素材也有助于提升学生的阅读能力和跨学科思维能力。此外，英语阅读能力是进行跨学科学习的基础和前提，只有具备良好的英语阅读能力，学生才能有效地理解各学科的知识文本，获取所需信息，进行综合学习。因此，英语阅读是跨学科主题学习的基石，对学生的学术发展和跨学科综合能力的培养至关重要。

3. 在英语学科中开展跨学科主题学习的意义

近些年来，我国基础英语课程改革经历了“双基”目标、“三维”目标和核心素养目标三个时代（王蔷等，2022），完成了“从知识学习到学科育人”的基本转向（余文森，2021；转引自王蔷等，2022）。《高中新课标》和《义教新课标》构建了由语言能力、文化意识、思维品质和学习能力四个方面构成的核心素养目标，标志着英语课程从语言仅作为工具指向“教学”，到将语言视为文化和思想的载体，指向工具与人文有机融合的“教育”（王蔷等，2022）。语言学习具有实践性的特征，学生在真实的语境中接触、体验和理解承载内容的真实语言，并基于意义理解、学习和运用语言才是有效的语言学习途径。王蔷等（2023）认为英语跨学科主题学习可以促进教师转变教育理念、提高课程开发的能力，也有助于更好地落实《义教新课标》，深化课程改革。具体而言，英语跨学科主题学习具有以下意义：1）实现英语学科的独特育人价值；2）引导学生英语学习方式的变革；3）推进英语学科传统教学方式的变革（王蔷、刘诗雨，2023a）。正是基于对英语跨学科主题学习意义的认识，蒋京丽（2023）认为英语学科中的跨学科主题学习不应局限于“不少于 10% 的课时”这一文件要求，而应融入每一个主题引领的语篇或单元内容学习中。

实现英语学科的独特育人价值

跨学科主题学习活动可以丰富学生的知识，开阔学生的视野，锻炼学生的思辨能力，提升学生的综合素养，从而实现英语学科独特的育人价值。

引导学生英语学习方式的变革

跨学科主题学习可以让学生在实践中不断运用语言学习不同学科的知识、形成概念性理解，并针对该主题下的问题形成自己的认识和解决方案，从而引导学生的英语学习方式变革。

推进英语学科传统教学方式的变革

英语跨学科主题学习不是以学习语言知识为目标，而是以解决问题为目标。教师无法通过讲授式的教学实现这一目标，而是要把课堂实践的主体转变为学生，把教学方式转变为实践和探究。

图 2-9　英语跨学科主题学习的意义（王蔷、刘诗雨，2023a）

4. 英语跨学科主题学习关键问题的解决

开展英语跨学科主题学习的教学实践，存在很多现实问题。例如，学生的英语语言能力与认知水平不匹配（往往是英语语言能力低于认知水平）、语言知识学习与跨学科知识学习缺乏有机结合、英语跨学科主题学习缺少真实情境、英语学科课时不足等。针对上述问题，王蔷、刘诗雨（2023a）给出了具体且有针对性的建议（表 2-3）。

表 2-3　英语跨学科主题学习关键问题的解决（王蔷、刘诗雨，2023a）

问题	对策
如何解决学生语言能力与认知水平不匹配的问题？	基于学生语言能力，搭建语言学习支架。 降低英语跨学科主题学习所要求的认知水平，以缩小语言能力与认知水平的差距。

问题	对策
如何使语言学习与跨学科知识学习有机结合?	精选适切的英语素材，精心设计语言输入活动。 不求“跨”了多少学科，而在于解决真问题。要思考如何基于英语学科，打破学科边界，探寻学科间的知识关联，最终实现语言知识与跨学科知识的有机融合。
如何使英语跨学科主题学习立足真实情境?	选择聚焦真实问题的主题，立足学生学习和生活的实际，让学生感受到问题的存在以及解决问题的必要性，激发学生探究问题和形成创造性解决方案的动力。
如何解决课时不足的问题?	将课内课外学习有机结合，共同服务于跨学科主题学习任务：课内为学生学习语言和知识、发展思维能力提供支架；课外通过具体任务促使学生自主开展小组讨论、扩充学习材料与资源等，并注意建立合理的评价与反馈机制。
跨学科主题学习对英语教师提出了哪些挑战?	努力转变课程理念和教学观念。 夯实专业基础，提高专业素养，持续发展自身的英语学科能力，主动拓展其他学科知识。 跨学科联合教研，团队协作。

5. 如何开展跨学科主题活动

蒋京丽（2023）认为，英语综合实践活动（跨学科主题学习）并不是两个或多个学科之间的简单叠加，而是基于主题对不同学科进行的有效统整。针对如何开展英语综合实践活动，她提出了三点建议（图 2-10）。

1. 合理规划和确定英语综合实践活动学习主题。

在教学实践中，教师可以结合教材中的某一个主题突出的单元学习内容或者某几个主题相近单元的学习内容，以现行教材为载体，关联学生成长或实际生活中的某个重要领域或事件，遵循贴近学生、贴近生活、贴近时代的基本原则，确定不同的英语综合实践活动学习主题，引导学生开展英语综合实践活动。

2. 有效设计和实施英语综合实践活动。

教师可以统筹参考课标对学生核心素养的要求设计跨学科主题活动的目标。在教学实践中，教师要推动学生运用所学语言和文化知识，参与特定情境下的语言活动，理解和表达意义的过程中完成不同层次的思维活动。

3. 全面评价英语综合实践活动的学习效果。

英语综合实践活动的评价应遵循以下两个原则：一是围绕学习目标设计评价要求和标准，全面评价学生在学习过程中的实际获得；二是参考学业质量标准的描述，开展真实性评价，对学生应该知道和应该做的事情进行直接评价，尤其要关注对学生高阶思维的评价。

图 2-10 如何开展英语综合实践活动（蒋京丽，2023）

（二）家校协同阅读育人

2018年9月10日，习近平总书记在全国教育大会上指出，办好教育事业，家庭、学校、政府、社会都有责任。这一指示牢固树立了学校、家庭与社会协同育人的理念，然而学校、家庭与社会在协同育人的职责定位、机制建设及条件保障方面仍面临着不少挑战。为应对这些挑战，2023年1月，教育部等十三部门联合发布了《关于健全学校家庭社会协同育人机制的意见》，明确了学校在协同育人中的主导作用，要求家庭切实履行起教育责任，并鼓励社会为全面育人提供有效的支持与服务。针对家校社共育中存在的问题，朱永新（2023）提出了三项针对性建议：1）支持民间的家校合作机构；2）加强家庭教育专业人才的培养；3）加大对贫困和偏远地区家校社政合作共育的专业支持。张志勇（2023）则从教育生态的角度出发，指出校家社协同育人的实现应做到五个方面：1）教育理念一致，这是校家社协同育人的前提；2）校家社功能互补，学校的学科教育、家庭的生活教育和社会的实践教育各安其位、各扬其长；3）教育环境同构，建立协同育人的正向大环境；4）注重和谐发展，支持孩子德智体美劳“五育”并举；5）尊重规律因材施教，从学生内心需要和自身兴趣出发，敬畏科学。这些观点反映了教育界对于构建有效的家校社协同育人机制的深刻思考与积极探索，旨在形成良性的教育新生态，确保学生在健康、和谐、支持性的环境中成长。

英语阅读教育领域的研究者也对家校协同育人机制进行了探索。

陈香君、张小萌（2023）以第三代活动理论为指导，探究学校和家庭两个活动体系各自的构成要素及互动机制，建构出家校协同活动系统下的英语阅读教育模式。在此模式下，学校、家庭这两个独立的活动体系可以通过合作互动，建构一个客观的、社会化的、新结构的活动系统——家校协同活动系统，并围绕提升儿童和青少年英语阅读素养这一共同目标开展活动。在家校协同活动系统中，学生、教师、家长在英语课程标准、分级阅读标准、家庭教育政策法规等纲领性文件的规则指导下，在共同体所有成员分工合作的基础上，借助图书等中介工具，通过多样的学校及家庭阅读活动，实现学校和家庭两个活动体系相互影响，从而培养儿童和青少年的阅读能力和阅读品格，合力提升阅读素养。

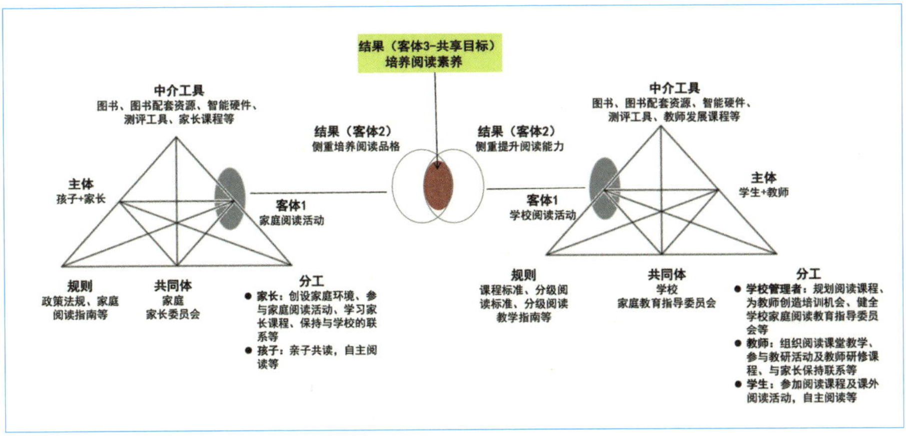

图 2-11 家校协同活动系统下的英语阅读教育模式（陈香君、张小萌，2023）

广东省佛山市南海区小学英语教研团队以建设区域性分级阅读课程体系为出发点，聚焦小学生英语阅读素养的培养，通过建设学校驱动层、家庭联结层、区域联动层，打造了小学英语“C-SFA”阅读生态圈模型。“C-SFA”阅读生态圈是在小学英语阅读氛围的创设过程中，为提升学生阅读素养而打造的阅读生态系统。其中，“C”指 Children，即以学生为中心；“S”指 School，即学校驱动层；“F”指 Family，即家庭联结层，“A”指 Area，即区域联动层。在“C-SFA”阅读生态圈中，“S”是核心，提供专业引领，带动整个生态圈的运行；“F”是中间层，通过家庭阅读拓宽孩子的阅读渠道；“A”是延伸，联动学校、家庭、社区，推动区域全民阅读（姚达文等，2022）。林小漫等（2023）以桂江小学为例，详细介绍了“C-SFA”阅读生态圈建设实践，阐述以学校为核心通过家校社协同推动学生阅读的策略，认为教师作为学校驱动层的核心力量，应积极发挥阅读指导力，多维度介入家校社协同过程，设计丰富的家校社协同阅读活动，引导家庭支持学校阅读活动，加入社区阅读推广行列，以学校为基点，逐步辐射家庭、邻里、社区，提供优质阅读服务，盘活区域阅读资源，营造浓厚的区域阅读氛围。

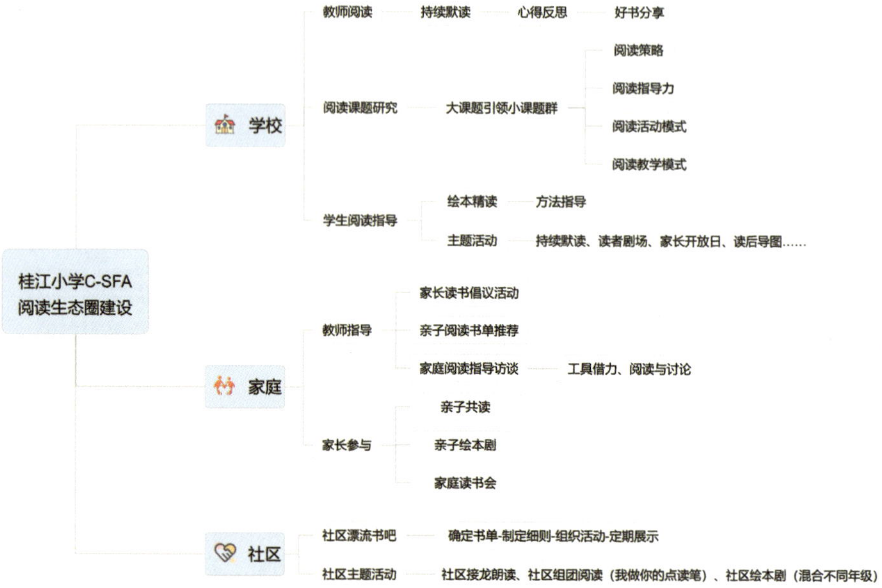

图 2-12　桂江小学“C-SFA”阅读生态圈建设主题活动布局（林小漫等，2023）

三、一线阅读教学实操

（一）如何将课外读物作为非教材教学资源

新课标对各阶段学生的英语课外阅读量都提出了具体的要求，据此陈新忠（2023）指出教师可以将题材广泛、内容有趣的课外读物作为教学资源提供给学生，引导其学习文化、拓宽视野，养成良好的阅读习惯，加深阅读的体验，逐步形成适合自己的读书方法，树立正确的世界观、人生观和价值观。他还分享了 Bamford & Day（2009）提出的设计课堂泛读课程的 10 条设计原则，具体包括：

（1）泛读内容主要应是简易读物，包括名著的简写本等。

（2）泛读内容应当广泛，包括多种文体和题材。

（3）学生应自主选择自己爱读的东西，这也是“个性化学习”的一个方面。

（4）泛读量要大，要有大量语言输入，以量取胜。

（5）应学习快读、略读、重点读、浏览等阅读技巧，在有限时间内尽量扩大接触范围。

（6）要为兴趣、信息和提高语感而读。

（7）主要是默读。

（8）一般设有读后的家庭作业。

（9）教师应当帮助学生选择读物并就读物内容给予帮助。

（10）最好教师本人给学生树立广泛涉猎的榜样。

（二）整本书阅读导学案

针对高中英语泛读教学主要存在缺乏有效的阅读管理、学生阅读质量低下，向瑞方等（2023）以三个进阶式整本书泛读教学导学案（表 2-4）的具体设计和应用为例，证实根据阅读材料特征和学生阅读素养发展需求设置实施贯穿泛读全过程的导学案能够有效提升阅读效果。

表 2-4　三个进阶式整本书泛读教学导学案（向瑞方等，2023）

导学案类型	导学案使用目的
基础简洁版	基础简洁版导学案作为学生入门级泛读手册，以培养学生整本书阅读策略和阅读记录习惯为目的。
整本书教师主导型	整本书教师主导型导学案基于原版书的情节复杂性、连续性和语言真实性特点，由教师规划学生应关注的文学作品特点，如主题探究、重要情节和人物分析、精彩语句赏析等，引导学生逐渐形成自主阅读能力。
整本书学生主导型	整本书学生主导型导学案则是对学生阅读能力的验证，学生在指定框架下迁移运用前两个阶段积累的阅读表达经验，自由、自主地抒发对文学作品的个性化理解。

（三）基于三维状态表征的绘本教学策略

郑鸿颖、段茂君（2022）以布鲁姆等人提出的教育目标理论为基础，基于认知、行为、情感三维状态表征构建指向深度学习的英语绘本教学层次化目标框架（表 2-5），并结合具体实例阐述如何在绘本教学中运用该框架。通过案例分析，郑鸿颖、段茂君（2022）认为认知、行为和情感表征并不是截然分开的，而是相互交织的，最终实现每一位儿童在教师的指导下激活已知、链接新知、积极思考、应用迁移、自然共情，此为深度学习在绘本教学认识论层面的升华。

表 2-5　深度学习三维状态表征的层次化目标框架（郑鸿颖、段茂君，2022）

三维状态表征					
认知表征		行为表征		情感表征	
记忆复刻	记忆信息、复刻要素	接受性行为	仔细观察、认真倾听	情感接受	愿意接受学习、注意学习现象
理解归纳	理解内容、概括归纳	操作性行为	执行指令、练习巩固	情感积淀	获得学习参与感和学习体验感
分析应用	关联整合、迁移应用	自主性行为	主动交互、自主学习	情感升华	学习动机、学习态度、学习意志
评价创造	价值判断、新构要素	创造性行为	举一反三、发现新问题	情感内化	情感共鸣、审美情趣、价值观念

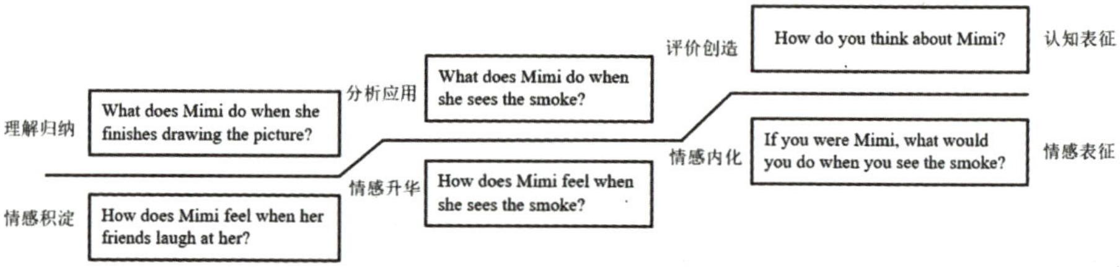

图 2-13　目标框架在《丽声北极星分级绘本第二级上》中的读物《超级英雄咪咪》（*Mimi the Superhero*）教学设计案例中的应用（郑鸿颖、段茂君，2022）

（四）绘本阅读中的微项目化学习

微项目化学习主要在 45 分钟的课堂上进行，是指在课堂中为学生提供时长为 15~20 分钟的探索性项目任务，或以类似实践性作业的形式让学生在课外对某个内容或主题进行小探索（夏雪梅，2018）。李建东（2023）以《丽声北极星分级绘本第四级上》中的读物《难过的洛娜》（*Lorna Is Upset*）的教学为例，分析并阐释如何组织学生开展微项目化学习（表 2-6）。绘本围绕主人公 Lorna 和 Matthew 调查同学们的上学方式展开。通过收集、统计和分析数据，他们发现大部分学生坐小轿车上学。研读完绘本主题后，教师给学生设计了出行方式调查分析的项目，帮助学生将文本与生活进行链接。李建东认为这样的设计能有效丰富学生的阅读学习体验，帮助他们建构核心知识体系，开展探究性的学习活动，培养项目意识，训练项目思维，解决具有现实意义的问题，提升学生的综合语言运用能力，发展核心素养，真正落实课程育人的目标。

表 2-6　微项目化学习设计整体架构（李建东，2023）

项目环节	学生活动	达成目标
明确任务	快速浏览绘本，思考问题 What's the task about?，明确调查任务 How do you come to school?	融入绘本故事情境，把握绘本大意，明确项目研究的第一步骤——明确调查任务。
展开调查	模仿 Lorna 和 Matthew，利用核心句 Where do you live? How do you come to school? 进行互相调查，思考问题 Who else do they ask?，再次快速阅读绘本，找出答案。	了解绘本基本情节，掌握 Lorna 和 Matthew 的调查顺序及对象：先互相调查，再调查他们的同班同学，最后调查校内其他班级的学生。
统计数据	阅读 Lorna 和 Matthew 对本班以及其他班级学生的调查单与数据统计图（bar chart），汇总并统计数据。	梳理绘本事实信息，学会将调查表转化成统计图并进行数据统计。
分析数据	根据数据统计图汇报学生上学方式的调查结果。	学会读取数据统计图，精准汇报使用不同方式上学的学生人数。
发现问题	阅读并找出违背绿色出行的数据。	理解绘本核心内容，培养发现问题的能力。
分析问题	细读绘本，找出汽车尾气污染空气的原因，学习 petrol（石油）、be bad for the environment（对环境不好）等语言知识点。	深入理解绘本，分析问题来源，明确问题导致的结果，培养逻辑思维能力。
解决问题	发挥想象并思考：校长采取了什么方法呼吁越来越多的学生步行上学?	掌握劝说他人绿色出行的核心语言，有条理地给予建议并进行合理劝说。

（五）初中自然拼读校本课程探索

近年来，国内关于自然拼读的相关研究主要聚焦在小学阶段，在初中阶段应用自然拼读法提升我国初中生英文读写能力方面的教学实践与研究相对较少。北京市朝阳区芳草地国际学校甘露园分校在初中阶段开设系统的自然拼读校本课程，将其纳入学校校本课程体系，并制订课程方案和教学计划，确保拼读教学的系统性、连续性和有效性（蔡迎春、刘新明，2023）。学校将自然拼读与绘本阅读相结合，旨在提升学生英语读写能力。研究团队以自然拼读教学法为基本理念和依据，结合“丽声妙想英文绘本”“多维阅读”系列读物及其他课外读物，在主题意义的引领下，通过创设主题语境，以语篇为依托，设计了一系列拼读与绘本阅读相结合的教学活动，使学生在理解意义的基础上完成对词汇音、形、义的匹配学习，以辅助阅读能力的发展。研究团队主要通过伯特阅读年龄[1]测试（The Burt Word Recognition Test 1974 Revised）对学生的拼读学习效果进行跟踪评价。以 2020—2021 学年的拼读测试成绩为例展示各阅读年龄段学生占比（表 2-7）。数据显示，经过一年的系统自然拼读学习，阅读年龄在 7 岁 2 个月以下的学生和阅读年龄处于中等的学生比例有所下降，而阅读能力处于中等偏上和优秀学生比例则有大幅增加。研究团

[1] 阅读年龄：指英语学习者的认字水平（word recognition）标准，比如母语儿童通常是5岁3个月开始认字阅读，从5岁3个月开始到12岁11个月的阅读年龄相当于初学者，13岁以上到14岁3个月的阅读年龄相当于高级阅读者（蔡迎春、刘新明，2023）。

队发现自然拼读教学使学生的学习兴趣和信心得到了显著提升，学生的自学能力、阅读能力和综合语言运用能力也取得了进步。

表 2-7　2020—2021 学年拼读测试各阅读年龄段学生占比变化分析（蔡迎春、刘新明，2023）

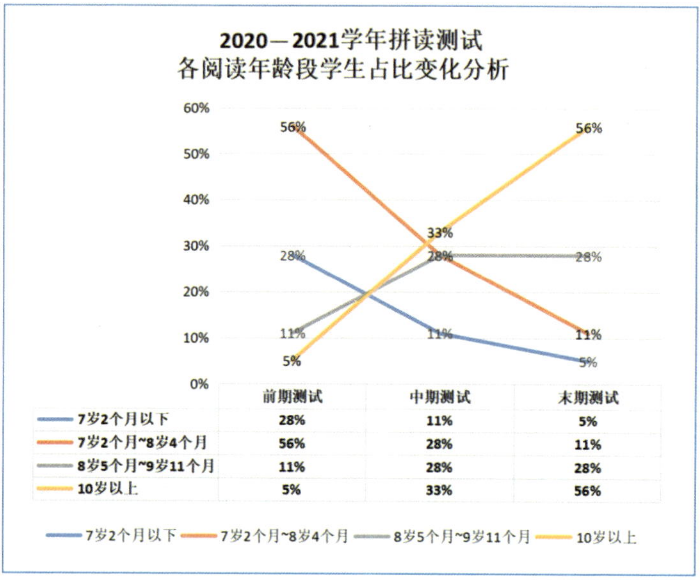

第三章

国外英语阅读教育相关研究综述

2020年，新冠疫情在全球的暴发冲击了正常教学，不仅改变了教师的授课方式和学生的学习方式，也改变了测评方式，“云端”“线上”“远程”等一度成为高频热词。随着疫情的消退和正常教学的恢复，这些新的教学评方式由于其独特的优势而保留了下来。通过回顾2023年出版的英语阅读教育方面的国外文献，我们发现多数文献专注于在线教育，如在线教学、阅读、测评，及AI技术在英语教育领域的应用等，同时读写结合也是国外文献重点研究的话题。

一、在线教学评

（一）在线教学

新冠疫情期间，多数国家的教师和学生被迫从线下课堂教学过渡到在线教学。Tai K W H（2023）认为，教师需要将来自课堂环境的资源带入并适应在线教学环境，以促进与学生的有效和实时互动。借助多模态会话分析，研究者分析了教师对学生进行在线辅导的对话数据。结果表明，教师在传统课堂中使用的多模态资源超越了社会符号学意义上的模态界限。在线辅导时，这些多模态资源被重新应用，从而丰富和增强了在线教学过程。教师在虚拟教学环境中体现出的创新性和适应性，表明通过整合多种多元化的资源和策略，可以有效地增强学生的学习体验，促进他们在第二语言习得过程中的互动和参与。

本研究带来的教学启示有以下几点：

（1）当教师在线上教授英语时，必须评估在线教学工具的可用性，并选择合适的模式进行意义构建。

（2）在线课堂中，教师运用了多语言和多符号系统资源，其中包括双语翻译、语言速度、词汇重音、物体、数学符号、绘画、颜色及在线词典等。教师会灵活采用他们认为最有效的方式来解释特定的语言概念。

（3）屏幕虽然带来了一定的限制，但教师会调动各种资源，为学生重新创造真实的课堂环境。线下课堂环境带来的知识和资源，在小组在线教学环境中重新得以应用，潜在地改变了学生的学习。

（二）在线学习

Serrano-Mendizábal 等（2023）对一个专为训练和教授小学高年级和初中生任务导向阅读技能而设计的智能辅导系统进行了研究，将其中基于任务导向阅读的策略指导系统的训练与基于问答练习的训练进行了对比，主要比较了学生在这两种不同的情况下，对基于文本内容的问题（textbase questions）和基于情境模型的问题（situation model questions）的理解水平。结果表明，两种情况下学生的阅读分数都得到了提高。然而，基于问答练习的训练组在回答基于文本内容的问题方面获得了更高的分数，而基于任务导向阅读的策略指导系统的训练组则在回答情境问题方面表现更好。这些发现强调了在任务导向阅读中使用计算机辅助指导时，策略教学在培养深度理解方面起到了关键作用。

（三）在线测评

Amrane-Cooper 等（2023）回顾和分析了新冠疫情开始时，伦敦大学几周内将大约 11 万份考试转为在线考试的过程，并总结了从中获得的经验和教训。研究表明，测评科技带来了显著好处。首先，测评平台使创建及分发测评的过程更高效；其次，测评地点和测评设备更加灵活，学生可以在家中使用自己的设备进行测试，也可以在考试中心使用提供的设备或携带自己的设备参与测试；再次，在有管理审核和质量保证的情况下，在线评分可以提高阅卷速度和效率。但研究也指出，短期、固定时间的在线监考测试取代传统纸笔考试，可能不利于从学习评估（assessment of learning）转向以学生为中心的学习评估方法（student-centred assessment-for-learning approach）。在正常生活和学术生活都受到极大干扰的情况下，在线测评保证了大量需要接受远程教育的学生能够成功进行测试。在线测评加深了我们对当下不断变化的教育实践的理解，并且为所有学生提供了展示真实的自我学习成就的机会。

二、AI与英语学习

人工智能（Artificial Intelligence，简称AI）语言模型ChatGPT的广泛使用给外语研究、教学和学习带来巨大的变化。目前AI与外语教育结合的研究还处于起步阶段，研究主要集中在三个方面：1）AI辅助英语学习，如学生与AI互动；2）AI在英语写作领域的应用，如AI写作、命题与评分；3）对于使用AI所产生问题的探讨。

（一）AI辅助英语学习

学生与AI的互动可以提升学习质量，及提升使用英语互动的能力。

Wang等(2023)研究调查了学生在英语学习中如何与AI互动，及AI辅助英语学习的重要性。经过对学生使用AI的数据及他们与AI互动的反思分析，学生群体可分为四类：C1——有效学习者（effective learners），C2——被动学习者（passive learners），C3——平衡学习者（well-balanced learners），C4——低效学习者（inefficient learners）。四组学生的比较表明，每类学生都有自己独特的与AI互动的方式来学习语言，但并不是每个人都能从AI辅助学习中受益。深度学习方法可以增强学生对人类-AI学习共同体的感觉，从而提高学生的学习质量，增强与AI教师互动的享受体验；而被动地或机械地遵循AI的指令，可能会降低人类-AI学习共同体的感觉，最终导致学生表现较弱。

通过系统回顾2013年1月至2022年8月间发表的28篇相关文章，Zhai和Wibowo（2023）的研究探讨了如何使用AI对话系统来提高学生的英语互动能力。研究确定了影响AI对话系统在英语学习中应用的6个维度和25个子维度。6个维度包括技术整合、任务设计、学生参与、学习目标、技术限制和新颖性效应。研究发现：1)AI对话系统的设计似乎忽视了辩论要素和解决问题的能力；(2) AI对话系统没有考虑到嵌入文化、幽默和移情功能的重要性。AI对话系统在外语教学中的开发和实施仍处于起步阶段，未来的研究应强调基于意义的沟通、语言能力的可理解性、辩论和解决问题的能力。

AI 会话为练习目标语言提供了机会，同时在 AI 口语对话系统低焦虑环境中提供个性化反馈。Ericsson 和 Johansson（2023）介绍了一项对瑞典初中生进行的研究。AI 口语对话系统是学生普通英语课程的一部分。学生与 AI 会话系统进行口头互动，完成日常生活场景中的给定任务，并通过问卷调查和系统日志进行反思。研究结果显示，在低焦虑环境中进行人机对话，对于学生是积极和有益的经历，且这种学习方式对于低水平的学生和女性学生的效果似乎更为明显。教师和相关研究者可以将 AI 会话融入语言教育，设计师也可以据此开发学习系统。

（二）AI 写作、命题与评分

1. AI 与人类作者的对比

ChatGPT 可以快速生成给定主题的文本，为了研究其写作水平与人类作者相比如何，其写作质量是否可以通过更新命令得到显著提高，Zhou 和 Cao 等研究者（2023）比较了 ChatGPT 和中国中等水平英语学习者在同一个叙述性话题上的写作表现，以揭示其在写作方面的优势和劣势。研究者利用 Coh-Metrix（一种特殊的语言语篇分析工具）对五种语篇成分进行数据分析，结果表明 ChatGPT 在叙述性、用词的具体性和参考资料的衔接方面表现优于人类作者，但在句法简单性和深度衔接方面表现较差。这项研究为 AI 和英语教学提供了具有理论和实践意义的宝贵见解。一方面，与中国中等英语水平的人类作者相比，ChatGPT 在生成文本方面确实表现强大，但在深度衔接方面暴露出一定弱点，后续应该提高高阶逻辑连接方面的性能；另一方面，教师应该鼓励英语学习者更频繁地练习写作，以提高整体写作水平。

2. AI 命题

对计算机的测评和个性化学习平台的广泛使用，增加了对快速产出高质量题目的需求。题目自动生成 (automated item generation) 可以减少对人类专家的依赖。虽然该技术已用于测试开发，但机器学习算法的最新进展为进一步提高其效率提供了潜力。Bezirhan 和 Davier（2023）提出了一种利用 OpenAI 最新的语言模型 GPT-3 来生成阅读文章的创新方法。结果表明，给 GPT-3 提供精心设计的指令与足够的受试者信息后，它可以生成与人类作者撰写的段落难度水平一致的文本。进一步的检验还显示，GPT-3 和人类作者撰写的文章在长度、词汇、难度、适当性、连贯性和参与度方面高度相似。GPT 模型可以有效地用于大规模阅读测评时的自动段落生成，这可以大大节省费用，并提高测评的命题效率。不过，强大的审核机制对于保持 AI 生成内容的准确性和可靠性至关重要，负责任地利用这项技术可以实现更有效的、可扩展的、全面的测评实践，从而使全世界的教育工作者、学生和教育系统受益。

3. AI 自动评分

Mizumoto 和 Eguchi（2023）的研究旨在利用 AI 技术进行自动论文评分（automated essay scoring），并评估其可靠性和准确性。他们使用 GPT-3 text-davinci-003 模型对 ETS[2]非母语书面英语语料库（TOEFL11）中的所有 12,100 篇文章自动进行评分，并将这些分数与基准水平进行比较。该研究还探讨了语言特征对 GPT 自动论文评分的影响程度。结果表明，使用 GPT 的自动论文评分具有一定的准确性和可靠性，可为人工评价提供有价值的支持。此外，分析表明，利用语言特征可以提高评分的准确性。人工智能语言模型，如 ChatGPT，可以有效地用作自动评分工具，在研究和实践中可能引起对写作评估和反馈方法的变革。

（三）AI 应用于教育的问题

1. AI 素养

为了有效利用基于 AI 的技术，并解决与其伴随出现的问题，个人必须具备各种关于 AI 的知识和技能。这些知识和技能导致了 AI 素养（AI literacy）的出现。为了更好地理解 AI 素养的决定因素，Celik（2023）根据以往的研究和不同的理论框架建立了一个研究模型。该模型结合了数字鸿沟（digital divide）、认知专注（cognitive absorption）和计算思维（computational thinking）。研究发现，计算思维是 AI 素养的一个重要决定因素，它有助于使用、识别和评估基于 AI 的技术。此外，能够实际接触信息通信技术的个人有更多机会使用和识别 AI，能够更好地评估基于 AI 的技术所产出的成果，可以深入参与基于 AI 的技术的使用，在使用基于 AI 的技术后可能会有愉快的体验。

2. AI 使用所面临的矛盾

Warschauer 等（2023）认为，借助 AI 写作或进行文本修改，面临几个矛盾。

[2] ETS：美国教育考试服务中心（Educational Testing Service），提供的考试服务包括 TOEFL、GRE、GMAT考试等。

（1）AI 写作是模仿还是抄袭？

ChatGPT 允许任何人在几乎任何主题上生成接近母语水平的文本，而用户本身不需要成为该方面的专家。它增加了学生使用 AI 写作时被指控抄袭的几率。任何使用或被认为使用 AI 写作的学生都可能被指控为学术不端，对英语为第二语言或外语的学习者来说，被指控学术不端的几率更高。

（2）“富者越富，穷者越穷”的马太效应

最近关于“数字鸿沟”的讨论强调了获取技术不平等对学生学习成果和社会发展的影响。AI 生成的文章非常接近英语母语水平，可以让世界各地的人们用英语进行无障碍交流，消除语言上的不平等。但要充分利用 AI 生成的文字，需要一定的“特权”，包括能够访问数字媒体，或生活在一个可以使用 AI 的国家等。因此，AI 生成文章有可能带来另一种不平等：AI 工具越强大，英语学习者的“语言鸿沟”可能会越宽。关键问题在于“技术是语言学习的工具，还是语言学习是人们可以使用技术的工具？”。

（3）学校和工作场景下的不同要求

学习者在课堂上使用 AI 工具是被禁止的，会受到惩罚，而当这些学生进入社会，这些工具的使用在工作场所不仅是被鼓励的，而且是被期望的（Gurchiek, 2023）。学习者可能会因为在课堂上使用 AI 工具而被指控学术不端；但是在工作场合，如果他们不能熟练地使用 AI 工具，则可能会面临不利的形势。

针对 Warschauer 等人提出的关于 AI 使用上的矛盾，Prapan 等（2023）分享了泰国高等教育英语写作教学的一些经验。由于缺乏使用 AI 技术的官方制度和政策，教师需要为班级设计自己的 AI 使用策略。他们鼓励学生发表自己的观点，而不是依赖于 AI。教师在教学实践中，通过将学生本人的观点与 AI 文本生成器以一种富有成效的方式结合起来，帮助学生提高英语写作潜力。当然，教授写作的教师之间也存在着是否接受 AI 工具作为教学和学习的一部分的分歧。

三、读写结合研究

读写结合仍是 2023 年英语阅读教育方面重点关注的话题。经过近年来的发展，读写结合研究变得更加细化，比如关注阅读促进写作在句法层面的积极影响，及在教学中如何建立阅读和写作的桥梁，促进二者协同发展。

Kim 和 Ro（2023）探讨了广泛阅读的输入驱动活动是如何实现学生在写作句法层面的进步的。在为期一个月的课外泛读活动（ER 组）中，研究者通过分析 26 个英语作为外语的韩国学生的英文阅读报告，根据 14 个句法复杂度指标和 6 个句法高级性指标考察学生的句法发展情况，并将 ER 组与对照组（没有参加课外泛读活动的学生）进行了比较。句法复杂度分析结果显示，ER 组在句子长度、从句数量、并列句数量和动词短语数量上均有显著提高；句法高级性指标显示，ER 组在写作中对于低频动词和低频动词结构组合的使用能力提高。相比之下，对照组只在句子长度方面有所改善。

研究者主要通过以下 5 个泛读原则来指导阅读活动：

（1）阅读材料难度低。
（2）学习者自选想要阅读的内容。
（3）学习者应该尽可能多地阅读。
（4）阅读是为了娱乐、获取信息和对文本的大概把握。
（5）阅读是独立默读。

阅读和写作是语言能力的重要组成部分。儿童最初的学前识字经历为以后的学业发展奠定了重要的基础。教学和指导能够在阅读和写作间架起一座桥梁，从而支持儿童在这两个领域增长理解力（Quinn、Philippakos，2023）。Quinn 和 Philippakos 以一名学前教师的课堂为例，说明阅读和写作可以通过集中朗读来相互增强。为了营造阅读和写作相联系的环境，该教师首先为整个小组选择朗读文本，文本的选择不仅符合孩子的兴趣、与课堂主题相关，并且可以建立阅读和写作的联系。之后，教师设计与文本相匹配的写作机会。根据教学框架，教师从读音、字母、单词、句子和内容的层面，引导孩子把阅读和写作联系起来。在经过这样的学习之后，孩子开始看到阅读和写作之间的桥梁，并在写作中练习。

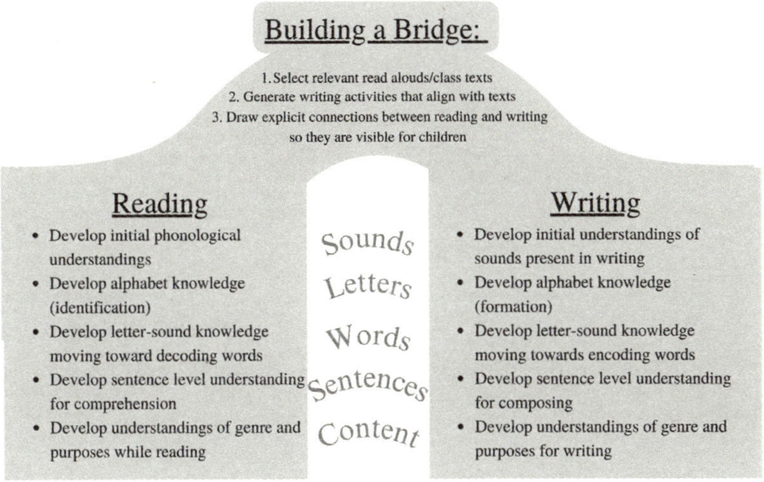

图 3-1　学前阶段的读写结合教学框架（Quinn、Philippakos，2023）

第四章

英语阅读教育行业资讯

本章对 2023 年英语阅读教育行业的重要资讯进行梳理，包括特色新书概览、学术会议及赛课活动两个方面。

一、特色新书概览

经过十余年的发展，中小学英语读物出版稳步增长。《义教新课标》发布后，阅读在英语学习和核心素养培养方面的重要性愈发显现，英语读物的经典品牌和重点 IP 继续壮大，纸数融合趋势明显，读物主题更加多元，内容设置更加本土化，与课内教材关联度更高，更贴合中国儿童和青少年的实际需求。

（一）学生新书概览（按书名拼音字母排序）

《从读到写：英语写作启蒙》（全三辑）

国内首套以“读写结合”理念为基础，通过绘本故事的形式进行英语写作启蒙的图书，让学生从愿意读自然过渡到愿意写、会写。多样化语篇提供写作示范，仿写任务紧扣教材，主题词块提供有力语言支撑。图书内容紧扣中小学教材写作任务，提供详细科学的读写指导和实用、易操作的读写训练，适合小学中高年级和初中低年级的学生进行英语写作启蒙。

《大猫英语分级阅读》（十八至二十级）

引进自英国柯林斯出版集团，由国内外著名英语分级阅读教育专家联合编写的大型英语分级读物。入选教育部“百种中小学教材延伸阅读书目”，是教育部重点课题实验用书。读物主题丰富、紧密贴合课标，全面提供五育（德智体美劳）阅读素材，虚构类和非虚构类内容比例均衡，绘图充满想象且视角独特，能够最大限度激发阅读兴趣，培养孩子的审美感知。

《大猫英语分级阅读》（智慧版）

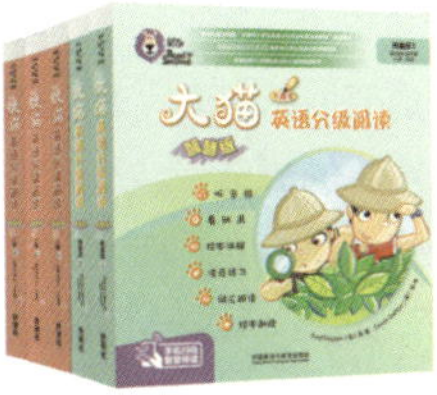

“智慧版”在保留“大猫英语分级阅读”常规版对应纸书全部内容的基础上，新增了六大模块的数字资源，即听音频、看动画、绘本讲解、读后练习、词汇跟读、绘本朗读。“智慧版”充满趣味和互动性强的数字资源，为中国家庭英语阅读和中小学英语阅读教学提供全面解决方案。

《丽声北极星分级绘本》（校园进阶版）

国际知名作者和插画家携手专为中国孩子量身打造的“主题式”英语分级绘本。根据新课标开发，在主题、词汇、句型、语法等方面与小学英语教材全面匹配，并配有生动有趣的动画。全系列共 4 个级别，每级含上下两包，每包内有 7 册绘本（含 1 册拓展阅读）和 1 册活动用书。集教材主题、拓展阅读、练习活动为一体，既适合开展绘本与主教材融合教学，也适用于课后阅读和家庭阅读。

《丽声英语高频词读物》（上、下）

根据弗莱高频词表编写的非虚构类英语启蒙读物，帮助孩子掌握 100 个高频词，轻松认读各类英语语篇中 50% 的单词，认读儿童读物中 70% 的单词。涵盖食物、衣着、日常用品、自然、校园等常见主题，读物成对匹配，每对读物多语境、反复呈现 1~6 个核心高频词，有效强化对高频词的记忆，其中新课标词汇占比高达 87%。额外拓展多主题日常词汇 400+，高效辅助校内英语学习。读物配有活动用书、高频词卡、挂图等丰富辅助资源，帮助初级阅读者通过阅读建立英语自信，认识身边环境，提升逻辑思维。

《书虫 · 牛津英汉双语读物》（升级点读版）

外语教学与研究出版社和牛津大学出版社联袂打造的分级读物品牌，甄选主流文学流派大家作品，为读者初步构建英美文学体系。英语分级体系系统、严谨，词汇、语法高频复现，逐级进阶，语言简洁地道不失优美。“升级点读版”在内容、形式、资源和服务等方面全新升级，提供更舒适的阅读体验，在“书虫升级版”的基础上新增点读功能，通过读、练、测学习闭环，帮助孩子从桥梁书进阶至章节小说阅读。

《小猪小象双语绘本》（套装八册）

美国凯迪克大奖、苏斯博士金奖作者作品，情节诙谐有趣，对话简洁隽永，描绘了小猪和小象这对好朋友生活中发生的故事，涉及尊重、自信、分享、感谢、勇敢等主题，让孩子在笑声中学会珍视友谊，结交挚友。中英双语对照，含有中英双语音频，在读故事中进行英语启蒙，在情境对话中学会英语地道表达。

《悠游阅读 · 成长计划》第六级

近百名欧美专业作者联合创作，专为中国孩子打造的大型原创英语分级读物。从中国孩子的认知特点和阅读兴趣出发，通过生动有趣的故事，让孩子在轻松愉悦的阅读体验中，自然积累大量词汇，全面提升英语阅读技能。该系列在 2023 年推出第六级，共 4 个读物包 24 册读物。第六级在语言难度和阅读量上实现进阶，并将虚构类与非虚构类读物均衡配比，帮助孩子实现英语阅读能力的跨越式进步。

《悦读中国》系列英语分级读物

凝练中华民族精神共识和文化精髓、传承和弘扬中国文化的英语分级系列读物，共 21 个级别、126 册，按照不同年龄段学生身心发展的特点及语言学习的规律进行合理分级。每册讲述一个中国文化主题，语篇以小切口讲述大主题，主题丰富、承古立今，让孩子在了解中国文化的同时，提高英语阅读能力、思辨能力、跨文化交流与理解能力，并使孩子初步具备讲好中国故事的基本能力，推进中华文化的对外传播。

（二）教师新书概览（按书名拼音字母排序）

《跨学科主题学习实践指导》（小学英语、初中英语）（王蔷主编）

立足跨学科主题学习理念与实践指导，基于《义务教育课程方案（2022 年版）》和《义教新课标》的整体突破，以创新人才培养为落脚点，系统阐述跨学科主题学习的内涵与价值、目标与原则、实施方法与策略，转变传统育人方式，帮助教师准确把握跨学科主题学习的理念。全书

以核心素养为纲，构建了跨学科主题学习的教学设计模型，以学生为中心、以问题解决为路径，一体化设计跨学科主题学习的“实践、教学、评价”；结合不同区域需求及学段要求，精选不同内容维度的课题，打造完整、可操作的教学案例；反映当前最新研究成果，具有理论、方法和引领价值，对广大一线教师在教学实践中有效落实跨学科主题学习具有明确的指导意义。

《外语教学的原则（英语教师专业素养丛书）》（［新西兰］杰克 · C. 理查兹著）

英语教学领域世界知名专家撰写的英语教学原则一站式实用指南，将英语教学放在最新的背景下，重新审视英语教学的原则，内容涵盖英语教学原则的作用、英语技能教学、课程设计、课堂活动特点、英语教学创新、英语教师职业发展等多个方面，通过一线教师的教学实例，将英语教学的指导性原则一一道来。

《外语智慧教学研究前沿》（唐锦兰主编）

全书遴选第 17 届语言智能教学国际会议的 16 篇优秀论文，在大数据、云计算、人工智能等新兴技术快速发展的背景下，探讨面向未来的外语智慧教学、技术赋能外语教学及技术赋能资源和平台建设这三个方面，为一线教师、研究者、政策制定者提供该领域的发展动态和研究成果，促进外语教育教学高质量发展。

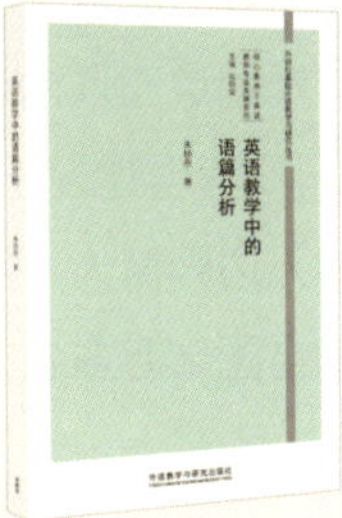

《英语教学中的语篇分析》（朱晓燕著）

配合《高中新课标》和《义教新课标》持续推介语篇类型、基于语篇的英语教学、语篇形式等概念，围绕基于语篇分析的英语教学展开论述，内容涵盖感知语篇特点、分析语篇内容、设计语篇教学三个方面，并提供多个课文语篇分析和教学设计课例，及优秀教师分享的课件，帮助一线教师从优秀教学案例中汲取经验，并结合案例反思，提高教师自身的理论水平。

《中国外语教师教育与发展研究》（王蔷、张莲、顾佩娅等著）

全面梳理总结中国改革开放四十多年来国内外语教师教育与发展研究实践，从基础外语教育（职前外语教师教育与在职外语教师发展）、高等外语教育及外语教师教育与发展研究的历史、现状、前景等角度，集中反映和展示了中国外语教师教育与发展研究领域的最新理论、方法和实践研究成果，以实践研究案例的方式展示并评价领域内理论、方法和实践方面的创新探索与成就，展望国内外语教师教育与发展的创新方向和路径。

二、学术会议及赛课活动

（一）教育部基础教育外语教学指导专业委员会 2023 年全体会议

教育部基础教育外语教学指导专业委员会（以下简称“外指委”）2023 年第一次、第二次全体会议分别于 2023 年 3 月和 4 月在四川省成都市、陕西省西安市召开。第一次会议以学生核心素养的落实为中心，委员专家分别聚焦思维品质牵引学生英语核心素养发展、教学评价体系、复习环节内容重组与路径重构、学习共同体建设与外语教师专业发展等主题进行学术分享，并安排了 30 个典型案例展播，呈现了生动的一线教学实践经验。第二次会议主要包括核心素养落地重点难点问题、小初高三个学段的新课标课堂教学研讨，及外指委 2024 年重点工作规划这三项内容。在委员学术分享与教学研讨会中，委员专家分别聚焦小学英语学科课程群建设、“双减”背景下的初中英语单元作业设计与实施、儿童立场视域下的无边界育人、用考试评价改革引导基础外语教育高质量发展等主题。两次会议共有全国十万多名外语教师通过线上线下方式参会。

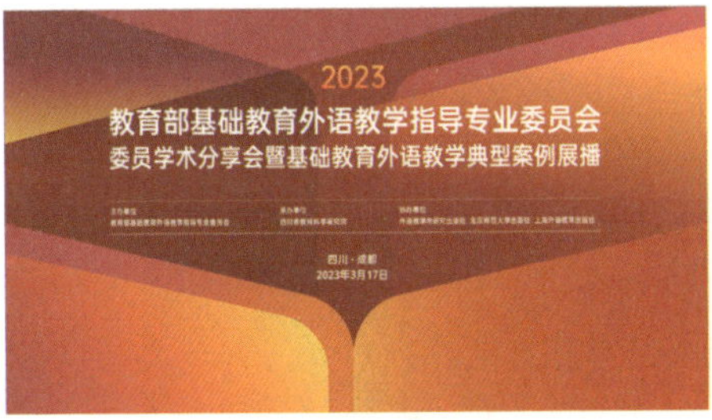

（二）2023 全国基础外语教育改革与发展高端论坛

2023 全国基础外语教育改革与发展高端论坛于 2023 年 4 月举办。论坛聚焦基础外语教育高质量发展的热点、重点和难点问题，探讨面向未来的人才培养的方向与路径，交流课堂教学改革与实践创新。论坛议题广泛，涉及政策解读、思政建设、课标实践、教材建设、阅读教育、测评素养、教师发展、智慧教育、学术科研、乡村教育振兴、课堂教学创新、外语特色服务等方面。

（三）书虫之声 2023 全国英文朗读秀

2023 年 4 月，在全民阅读大会举办之际，外语教学与研究出版社（简称“外研社”）携手网易有道、当当网联合主办启动了“书虫之声 2023 全国英文朗读秀”。活动邀请高校知名英语戏剧导师和北京市级英语学科骨干教师直播分享了英文朗读的意义。参与者可依据年龄选择朗读对应组别的“书虫 · 牛津英汉双语读物”或“大猫英语分级阅读”推荐级别选段，录制朗读音频发布至对应入口。活动基于优质的双语阅读图书并持续创新，鼓励引导广大英语学习者爱读书、读好书、善读书，为全国读者提供更多维、更立体的学习展示舞台，助力深化全民阅读。

（四）第十五届全国英语自然拼读与分级阅读教学研讨会

2023 年 5 月，第十五届全国英语自然拼读与分级阅读教学研讨会在北京举办。会议以“新课标背景下的英语阅读教学新生态”为主题，邀请国内知名英语教学专家，以“新课标”为基准，从教学内容、课程构建、教学活动设计、作业设计、测评等多角度多方位深入剖析当前中小学英语阅读教学现状，助推英语教师提升学术研究水平，进一步拓宽专业视野。会议通过全国各地优秀一线教师带来的自然拼读绘本与主教材融合教学课例、分级绘本与主教材融合教学课例、英语戏剧教学课例、百科绘本教学课例等示范课，全方位呈现英语阅读教学实践的最新成果，为广大教师实施英语自然拼读、分级阅读与课堂融合教学提供新思路。

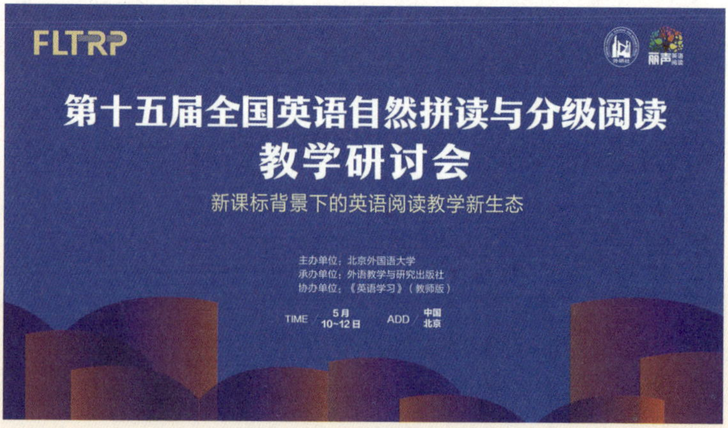

（五）2023 年全国中小学英语分级阅读教学说课大赛总决赛

2023 年全国中小学英语分级阅读教学说课大赛总决赛于 2023 年 9 月在北京举行。大赛聚焦“育人”主题，旨在帮助中小学英语教育工作者探索落实英语学科育人的方法途径。赛事启动以来，近 2600 名来自全国各地的教师参与，经过赛事专家委员会评审，来自全国 9 个省市的 14 个课例作品进入决赛。参赛作品聚焦“读写结合”和“跨学科教学”，使用数字化教学方式、结合多样化的教学设计引导学生层层深入学习，实现立德树人的目的，体现了大赛的主题立意。全国近 3.6 万名教师通过线下线上方式观看了赛事。

（六）第九届全国中小学英语阅读教学学术研讨会

2023 年 11 月，第九届全国中小学英语阅读教学学术研讨会在北京举办。会议以“素养立意的阅读教学”为主题，设置“阅读课堂评价”“单元整体教学视角下的读物与教材的融合”“读写教学实践”三个专题。70 余位分享人以研讨课、说课、个人发言、团队展示、海报等形式，就英语绘本与主教材融合教学、读写关联等英语阅读教学热点话题交流互鉴。会议吸引全国近千名教师、教研员与阅读教育专家齐聚北京，共同传播前沿的阅读教育理念，探索学生英语学科核心素养的有效途径，落实立德树人的根本任务，持续推动中小学英语阅读学术研究与教学实践的发展。

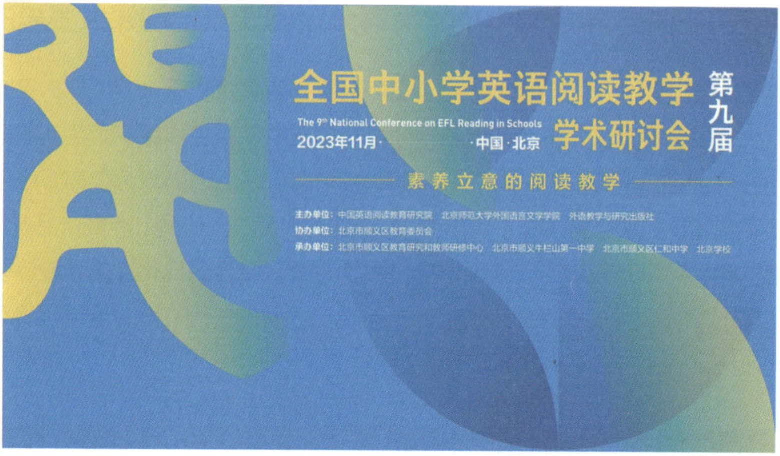

（七）2023 年全民终身学习活动周

2023 年全民终身学习活动周全国总开幕式于 2023 年 11 月在重庆举行。活动以“让学习成为一种生活方式”为主题，坚持政府统筹、央地联动，教育牵头、全民参与，广泛开展主题阅读、数字阅读分享、线上社会大讲堂、“社长（总编）荐书”等活动，推动全民阅读进学校、进社区、进乡村，营造全民学习氛围、打造全民学习生态。2023 年全民终身学习活动周于 7 月起在各地陆续开展，各地结合实际，创新载体、形式和途径，开展群众喜闻乐见的各类全民终身学习活动，推动全民终身学习持续走深走实。

第二部分

数字化阅读专题研究

第五章

数字化阅读的背景

一、数字化转型是世界范围内教育转型的重要载体和方向

2022年11月，世界互联网大会乌镇峰会举行，国家主席习近平在贺信中指出了一条全球数字发展道路，涵盖数字资源共建共享、数字经济活力迸发、数字治理精准高效、数字文化繁荣发展、数字安全保障有力、数字合作互利共赢六个方面。他强调加快构建网络空间命运共同体，为世界和平发展和人类文明进步贡献智慧和力量。

《教育部2022年工作要点》提出“实施国家教育数字化战略行动”。2023年2月，教育部与中国联合国教科文组织全国委员会在北京共同举办首届世界数字教育大会，教育部部长怀进鹏发表主旨演讲，他认为，发展数字教育，能够丰富智能教室、自适应学习、学情智能诊断、智慧课堂评价等场景应用，推动线上线下融合互动，改善教学方法，增强教学过程的创造性、体验性和启发性，撬动课堂教学发生深层次变革，创新教育教学和人才培养模式，以教育的智能化支撑提高教育管理和评价效能，提高人类学习与认知效能，为实现更加优质的教育提供强大动力。2023年5月29日，习近平总书记在主持中共中央政治局第五次集体学习时强调，教育数字化是我国开辟教育发展新赛道和塑造教育发展新优势的重要突破口。他指出，进一步推进数字教育，为个性化学习、终身学习、扩大优质教育资源覆盖面和教育现代化提供有效支撑。目前，联合国和世界各国都在积极行动，把数字教育作为应对危机挑战、开启光明未来的重要途径和举措。

2023年6月，全国教育数字化现场推进会议在湖北武汉召开，会议宣布成立教育数字化专家咨询委员会。2024年1月召开的教育部新闻发布会上，教育部科学技术与信息化司司长周大旺提到：“发展数字教育、推进教育数字化，推进教育现代化是大势所趋、发展所需，也是改革所向。”截至2023年底，国家智慧教育公共服务平台实现多次升级迭代，上线国家智慧教育读书平台，汇聚中小学资源8.8万条，累计注册用户突破1亿，有效服务了数字中国建设、学习型大国建设、乡村振兴等国家重大战略。2024年1月31日，2024世界数字教育大会闭幕式正式发布全球数字教育发展指数（Global Digital Education Development Index）和《中国智慧教育发展报告（2023）》。全球数字教育发展指数是中国教育科学研究院

创新应用基于证据的评价范式所研制的评估各国数字教育整体发展水平的综合性指数，中国指数排名从第 24 位跃升到第 9 位，前进 15 位。《中国智慧教育发展报告（2023）》认为，2023 年我国出台了纵深推进、横向联结的政策网络体系，确保教育数字化战略行动落到实处；报告中呈现了基础教育、职业教育、高等教育和特殊教育等领域的 20 个典型案例，集中展示数字教育的中国实践，及在助推教育高质量公平上的重要作用。此报告还提炼出中国智慧教育发展的五大实践路径，及面向全球提出近期数字教育发展的五个趋势，包括：第一，生成式人工智能的教育应用前景广阔，助力实现大规模个性化学习；第二，科技驱动的沉浸式场景将改善学习体验，使虚实融合成为学习新常态；第三，教育评价将实现数字化转型，为终身学习体系提供支撑；第四，教师与人工智能共存、共教、共学，创生人机复合型教师；第五，数字教育应用生态蓬勃发展，泛在、多元、智能化的学习环境将催生新的教与学方式。

二、AI 深远地影响了未来教育

提及数字化，不得不关注 AI 的发展。2018 年 10 月 31 日，习近平总书记在主持中共十九届中央政治局第九次集体学习时强调，人工智能是新一轮科技革命和产业变革的重要驱动力量，加快发展新一代人工智能是事关我国能否抓住新一轮科技革命和产业变革机遇的战略问题。他强调，加快发展新一代人工智能是我们赢得全球科技竞争的重要战略抓手，是推动我国科技跨越发展、产业优化升级、生产力整体跃升的重要战略资源。

2018 年以来，GPT-1、GPT-2 等模型和 ChatGPT 的发布，极大极深远地影响了人类生活的方方面面。ChatGPT 是目前最具代表性的生成式人工智能技术，它本质是一个大型语言模型，采用“从人类反馈中强化学习”的训练方式，对人类的文字语言和自然语言进行理解和处理，具有较强的内容生成能力（周洪宇、李宇阳，2023）。微软联合创始人比尔·盖茨认为，ChatGPT 的出现不亚于个人电脑和互联网的诞生，将“改变世界”。

随着 ChatGPT 的发布，大量学者开始研究其对教育领域的影响。Mogavi 等（2024）研究了 GhatGPT 在不同的教育阶段和领域的主要应用。

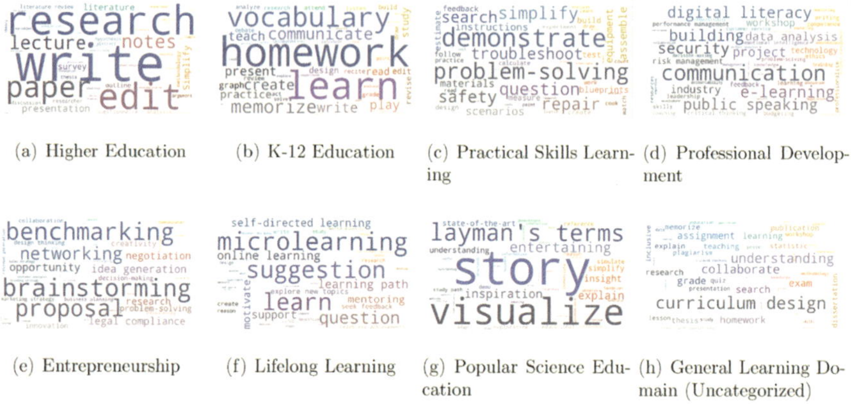

(a) Higher Education (b) K-12 Education (c) Practical Skills Learning (d) Professional Development

(e) Entrepreneurship (f) Lifelong Learning (g) Popular Science Education (h) General Learning Domain (Uncategorized)

图 5-1 ChatGPT 在不同的教育阶段和领域的主要应用（Mogavi 等，2024）

在基础教育（K12）领域，ChatGPT 主要被应用于语言学习、个性化学习、家庭学习等场景。此外，它还可以自动处理作业、在线答疑，甚至可以用于评估诊断等，更好地辅助个性化学习，从而改进学习成效（朱永新、杨帆，2023）。例如，ChatGPT 可以帮助学生提升阅读、写作、语法、造句和口语等能力，使学生在低压力的环境中练习语言技能，提升自信心和流利度。一位中学老师说：“我已经在我的创意写作课中应用了 ChatGPT，ChatGPT 根据学生的兴趣和水平智能提出写作要求，帮助学生更深刻地理解故事的结构和人物的发展，学生对写作的热情和能力都显著提升。”在家庭教育领域，ChatGPT 可以帮助家长解答复杂的概念等（Mogavi 等，2023），也可以为有阅读障碍的学生提供有声文本的朗读及自动化的学习方法推荐，进而缩小数字鸿沟，创建学生学习方式的新样态（王佑镁等，2023）；已有研究在课堂中借助 ChatGPT 实施翻转课堂、智慧课堂等教学方式，发现其有助于提升学生的学习兴趣（Rudolph 等，2023）。

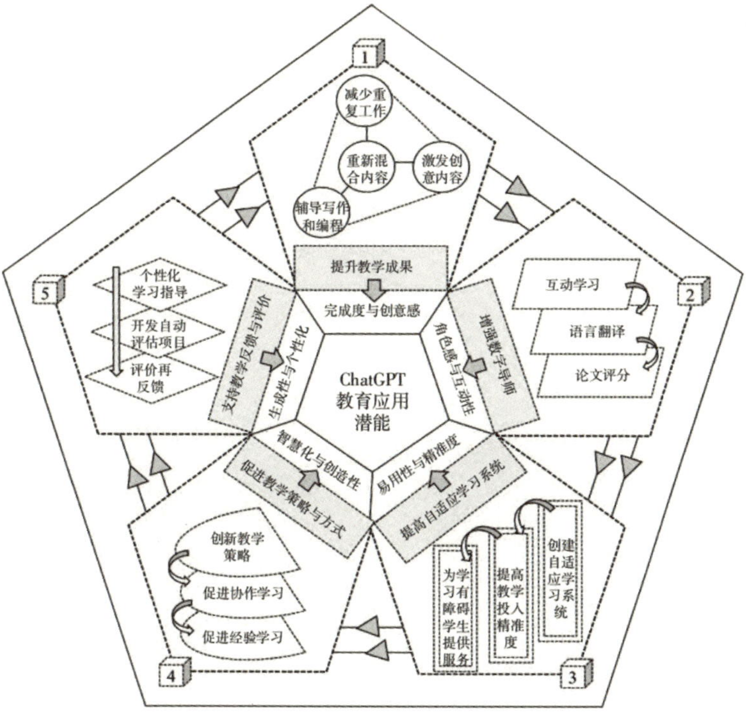

图 5-2　ChatGPT 在教育中的应用潜能（王佑镁等，2023）

ChatGPT 对教育创新的发展性价值还在于它将改变师生家长的行动方式，深层次地变革学校教育的思维模式、内在结构乃至教育制度本身（朱永新、杨帆，2023）。越来越多重复性、程序化的工作岗位被 ChatGPT 取代，迫使过去以知识能力为目标的人才培养模式向复合型人才培养模式转型。这意味着学校的育人价值将弱化知识传授、技能培训甚至是定向培养的标准化色彩，而开始着重培养能够凸显学生个性化优势的品质（朱永新、杨帆，2023）。

第六章

数字化阅读研究现状

一、数字技术对教育的影响

在数字技术加速演进的背景下，教育理念和教育模式也随之发生了根本改变。一方面，数字技术的发展对教育者提出了更高的要求。经济合作与发展组织（2023）指出，教育数字化变革的核心目标是提升全民数字素养。这种教育新形态为个体提供适合的教育，培养人们在数字时代生存、生产和发展的必备能力。换言之，教育数字化转型的核心依然围绕着解决“培养什么人、怎样培养人”这一根本性问题，但对于人才培养的规划和方式有了新的改变。具体来看，当前的智能工具在读、写、算等传统能力上有着突出表现，以ChatGPT为代表的生成式预训练语言模型对于新知识学习和运用的速度已远超人类。因此，未来更需要培养善分析、会评价、能创新、有沟通协作的，有高阶能力和综合素养的复合型人才（杨宗凯等，2023）。另一方面，数字技术正在以日新月异的发展速度推进教育模式的升级，重构教与学的形态，促进教育公平，满足个性化学习需求，全面提升学习效果。杨宗凯等（2023）提出，智能工具推动教学模式从“师—生”二元结构转变为“师—机—生”三元结构，即人机协同教学。在此模式下，智能技术扮演辅助教学的角色，将教师从基础性、重复性劳动中解放出来，回归育人主业，增强教学过程的创造性、情感性和启发性，与数字技术达成优势互补。从学习的角度来看，科技与数据的双重赋能，打破时间、空间的限制，为学生提供了泛在学习环境，不仅为教学资源共建共享提供了技术支持，促进教育公平，也为差异化、个性化的学习提供了技术和资源支持。

二、数字技术在阅读教育中的具体应用

数字技术已经在阅读教育中得到广泛应用，其中最常见的形式是智能辅助阅读工具，帮助学生更好地理解和处理阅读材料。为解决阅读过程中的生词障碍，数字阅读多使用智能注释、内置电子词典、单词热点等功能辅助阅读，提升阅读体验。实验证明，带有文字或图片的注释和词汇表能够促进学生的阅读理解和词汇记忆（Türk、Erçetin，2014）。内置电子词典能支持学生的词汇学习，尤其是在科普

读物的阅读中效果更好（Furenes 等，2021）。而对年龄较小的儿童而言，带有“单词热点”功能的电子书能够在阅读过程中强化其对重点单词的拼读解码能力。“单词热点”功能特指数字图书中吸引儿童去触控点击的互动功能，当儿童点击高亮单词时，触发对话框呈现目标单词及其音节的划分（Shamir、Shlafer，2011）。该功能也可以拓展应用，改变触发内容的呈现形式，如语音指导、指读动画、话题拓展等，有针对性地解决阅读过程中可能存在的问题。大量研究证明，加入视觉和听觉元素有助于增强儿童的阅读动机、阅读兴趣和阅读投入度，进而提高阅读专注度；有声电子书能够促进儿童的总阅读量和单本书的阅读频率（Furenes 等，2021）；在音视频资源的基础上搭配高亮显示功能有助于吸引儿童的注意力，不会被外界刺激所分散或影响（Ciampa，2012）。

针对亲子阅读场景，数字技术也为缺乏阅读指导这一具体问题提供了解决方案。研究表明，嵌入了对话式角色的电子书可以在一定程度上代替成人提供阅读支持。根据 Lev Vygotsky（1978）提出的社会文化理论，高级心理功能的发展，如儿童的认知和语言能力，是儿童、成人和社会文化工具共同作用的产物。工具对儿童发展起重要的“媒介”作用，成人与儿童之间的对话可以充当儿童与文本之间的“媒介”，进一步引导儿童深度思考文本内容（Lauricella，2014；Furenes 等，2021）。例如，通过嵌入的卡通角色（伴读小助手）提供阅读指导能够模仿成人与儿童的互动，从而有利于儿童学习（Strouse，2023）。在亲子阅读场景下，在电子书中嵌入阅读指导提示（为家长提供互动问题）有助于增加亲子之间对话的数量和质量，从而促进儿童思考，增加高质量的语言输入，帮助缺乏阅读自信的家长对儿童开展阅读指导（Troseth, 2020）。上述研究证明了智能辅助工具对促进儿童阅读理解有着积极的作用，但在具体应用中需要注意，数字化技术提供的支持须与文本的内容与意义产生关联。根据约翰·斯威勒提出的认知负荷理论和梅耶提出的多媒体学习原则，人类的信息处理系统能力是有限的，听觉和视觉信息太多会干扰到学习效果。与故事情节不一致的交互功能对儿童的词汇成绩、故事复述和推理能力有负面影响，使儿童的注意力从故事转移到嵌入电子书中的游戏或其他活动上（Kucirkova，2019）。因此，技术手段对儿童注意力的吸引不应该牺牲对故事理解，而要将儿童有限的注意力聚焦在关注阅读内容上。

除了智能辅助阅读工具的开发，基于数据推动的智慧阅读也是当前数字技术研究和应用的热点。AI 通过分析学生的学习行为和能力，能够为每个学生定制个性化的学习路径，推动阅读教学方式从标准化、统一化走向个性化和多样化。例如，自适应学习系统能够自动检测和诊断学生的学习情况并进行预测，提出相匹配的学习主题、问题并给出反馈，并为教师提供全面呈现学生学习进度、成效、预测分析的辅助信息，实验证明使用该系统的学生的相关能力在一年后有一定改善（经济合作与发展组织，2023）。此外，AI能够分析大量学生数据，从中提取有关学习模式和趋势的信息。通过这些数据分析，教育者可以得到更为全面的用户画像，为优化教学路径、提高阅读教育效果提供有力支持。许哲、徐和祥（2022）认为数字技术提供了一个融合纸质阅读、数字阅读、实体场馆、阅读调查、阅读测评等多场景的多维立体阅读空间。在这样的全景式阅读背景下，原本线上或线下单一的数据难以反映学生的阅读全貌，因此构建了数据驱动下的学生阅读素养实现路径，将线下数据与线上数据相融合，构建多维立体的全景式阅读学习数字画像，为教学以及未来学生成长提供指导。这一研究为数据应用提供了新的思路，也对数据融合和集成提出了技术上的更高要求。

对于以ChatGPT为代表的生成式人工智能在基础教育阶段阅读教育中的应用和研究，目前仍处于尝试和探索阶段。大部分研究多集中于实际案例，研究者尝试运用生成式人工智能辅助具体教学。例如，王丁丁（2023）结合实际案例阐述了如何借助ChatGPT在写作前、写作中和写作后三个环节辅助初中英语写作教学；余苏丹和赵杰（2024）探讨了生成式人工智能在英语词汇学习中的具体应用，从词汇认知方式、词汇理解、词汇记忆和词汇运用四个方面都给出了具体建议。一方面，这些研究为一线教师教学提供了具体的、可参考的方案；但另一方面，生成式人工智能对使用者有较高的数字素养要求，教师或学生输入的互动指令的质量在一定程度上会影响生成内容的质量，因此，案例的普遍意义和有效性有待进一步验证。在阅读测评场景的应用中，ChatGPT等生成式人工智能作为通用技术，难以直接满足精准的教学场景中的需求，在具体应用中仍需有针对性地调整。Xiao等（2023）基于微调的GPT-2结合PPLM（即插即用语言模型）实现了智能生成阅读语篇，在此基础上借助ChatGPT开发了一个阅读理解练习生成系统。经过多轮自动评估和人工评估验证，该系统能够为中国中学生提供较高质量且个性化的英语阅读语篇和阅读理解练习。这证明了生成式人工智能在阅读测评应用中的可能性，也为未来更为精准的应用研究提供了思路。

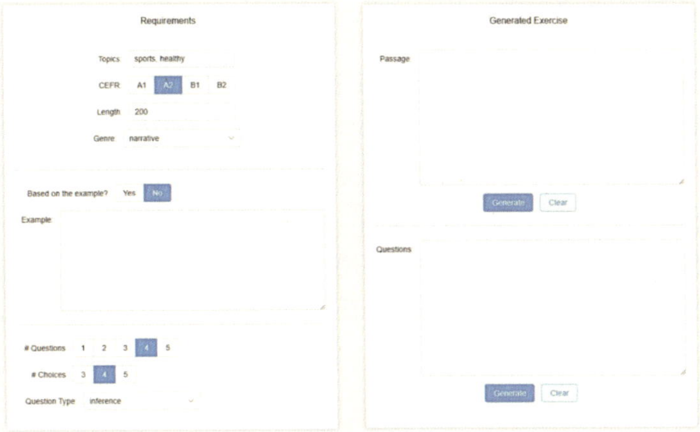

图 6-1　阅读理解练习生成系统截图（Xiao 等，2023）

三、数字时代下阅读的变与不变

展望未来数字阅读教育的发展，首先需要理解数字时代阅读的变与不变。阅读行为因科技发展而改变，但阅读的本质没有变化。基于上述各项研究可以看出，伴随数字技术的发展，承载信息的媒介及大脑接受信息的方式发生了改变，阅读教学模式和学习方式也比过去更加丰富。从传统的印刷文本，到音频、视频、交互式文本等多种文本形态，大脑接受信息的方式从单一的视觉加工处理丰富到听觉、触觉乃至多个感官同时接受并加工处理信息。阅读教与学的过程也在技术工具的辅助下，从过去"师—生""生—生"的场景变为"师—机—生"三方协同教学的场景。科技拓展了新的阅读形态，丰富了人们的阅读体验和阅读教学模式。《中国阅读大辞典》对阅读的定义是"大脑接受外界，包括文字、图标、公式等各种信息，并通过大脑进行吸收、加工以理解符号所代表的意思的过程"。由此可以得出，尽管数字技术的发展拓展了内容的载体，改变了阅读教学模式，但阅读的本质不变。阅读是人们通过对各种形式内容的理解，从而获取信息的活动，内容以及对其的理解始终是阅读过程中最重要的部分。在此基础上，数字时代的阅读教育也应关注其变与不变。变的是教师需要在教学中考虑到数字技术对阅读带来的改变，不变的是培养学生阅读素养的总体目标。数字时代的阅读者应具备什么素养、如何培养学生相应的能力和品格值得进一步探究。

综上所述，科技赋能和数据推动是数字赋能阅读教育的两大研究方向。数字技术为阅读教育提供了更为丰富和个性化的教、学、评体验，但在具体应用研究中仍需关注其与文本内容之间的联系。数据分析对打造个性化阅读教学、全方位了解学生阅读过程提供了支持。生成式人工智能为创新阅读教学方式提供了可能性。对于数字阅读教育未来的发展，技术开发者和教育者应深刻理解数字时代阅读的变与不变，以内容为根本，围绕不同需求，深入研究不同场景中数字技术的应用边界。

第七章

数字化阅读案例

作为外语教育综合解决方案提供者，外研社基于丰富的纸质和数字资源，依托“外研 U 学”APP、“外研社英语阅读”（原“丽声英语阅读”）小程序，推出了包括“智慧版”读物、阅读营等在内的，借助数字资源和平台支持的阅读解决方案，为学生提供多维度的英语数字化阅读支持。

一、数字阅读支持性平台

1.“外研 U 学”APP

“外研 U 学”APP 是外研社针对 K12 学段推出的英语教育服务平台，服务外研社基础学段近百个系列、超千册图书的使用者，提供丰富多样的数字资源，覆盖学生班级学习和家庭自学场景，满足学生同步、拓展、测评、阅读、听说等多种学习需求。

“外研 U 学”APP 通过“悦测评”阅读能力测试为学生的阅读水平定级，并提供科学的阅读发展指导，助力学生阅读素养的全面提升；提供丰富多样的图书配套类及拓展类数字资源；设置跟读、配音、交际对话、歌曲歌谣卡拉 OK 等交互性强的趣味学习任务，将重点知识和能力培养巧妙渗透其中，活跃学生思维，激发学习兴趣，提升学习效果。平台为教师、学生和家长提供了全方位的、智能化的、一站式的英语教学和家庭英语学习解决方案。

图 7-1　“外研 U 学”APP

2.“外研社英语阅读”小程序

“外研社英语阅读”小程序是外研社英语阅读官方平台，覆盖英语启蒙到小学六年级，提供丰富多样的、符合孩子身心发展和语言水平的英语启蒙、自然拼读与分级阅读资源。目前小程序已上线包括“丽声英语”“大猫”“悠游”等多个外研社英语阅读品牌在内的 1000 余册英语绘本、近 2000 个绘本精讲视频，有原声音频、有声绘本电子书、绘本配音及测评、绘本动画视频、绘本讲播课、互动练习、阅读打卡等多种资源和功能，让孩子进行有效的语言输入，提升阅读理解能力，实现高效的语言输出。平台功能还在持续升级，资源也将持续扩充。

图 7-2 “外研社英语阅读”小程序

3. Unischool 旗下“教师发展”

Unischool 旗下“教师发展”是针对英语教师专业发展的研修培训平台，面向教师用户群体提供中小学英语教师专业发展系列在线课程、教材服务系列在线课程及其他视频资源。平台课程均由全国基础外语教育研究培训中心（简称“全基中心”）与外研社共同策划，由北京外国语大学著名教授、全基中心特聘外语教育专家、一线优秀教师、外研社专业培训师领衔，组成一流的课程开发师资团队。课程内容全面综合，体系性强，涵盖语言知识与技能、教学知识与技能、专业发展与技能三个维度，覆盖小学、初中、高中全学段内容，为中小学英语教师、培训机构英语教师提供可选择的学习机会。

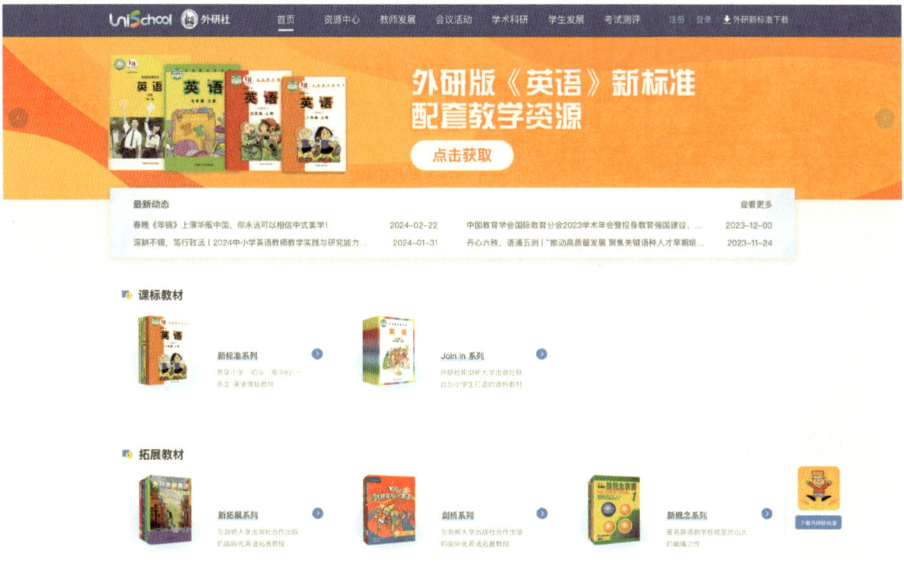

图 7-3　Unischool 旗下“教师发展”

4. 悦教大讲堂

悦教大讲堂是中阅院推出的教师发展类平台，提供服务中小学英语教师的阅读教学专业课程，以“聚焦阅读教学，服务教师发展”为宗旨，致力于帮助广大教师解决英语阅读教学中的实际问题，为英语教师提供理论、实践、科研、示范课四大类阅读教学在线课程及认证证书等支持。平台通过在线课程学习、互动论坛等方式为教师提供专业而全面的阅读教学指导，帮助教师拓展英语阅读教学理念，掌握教学方法。

图 7-4　悦教大讲堂

二、数字阅读产品形态

1. “智慧版”读物

针对部分地区英语师资匮乏、家长无力指导孩子进行英语阅读的情况，外研社推出了一系列“智慧版”读物。“智慧版”读物采用“一书一码”的形式，为每本书都配套了丰富的数字资源。以“丽声北极星分级绘本（智慧版）”为例，4 个级别、48 册绘本共配有 288 小节数字课程，每册绘本都有“听音频、看动画、绘本精讲、绘本理解、词汇跟读、绘本朗读”等 6 小节数字课程。

图 7-5 “丽声北极星分级绘本（智慧版）”系列读物

“智慧版”读物解决了“家长无法有效指导孩子进行英语阅读”的难题，让英语零基础家长也能带领孩子读懂读透英语绘本，提升英语阅读能力。教师也可以把数字课程学习作为绘本教学的一部分，课上带领学生学习纸质绘本，课后让学生听原声音频、看绘本动画、给绘本配音，课堂学习与家庭阅读协同发展，让绘本教学更加丰富，不仅优化了学习方式，还让学生获得了更丰富、多模态的阅读体验。

2. 纸书拓展数字资源

“聪明豆 · 艺术馆：给孩子的名画启蒙”是一套将语文、历史、美术多学科融合，并对标学科必修知识点的读物，让孩子在审美的愉悦中了解历史知识，走进传统文化。为了帮助孩子读懂、读透这套读物，外研社联合中图云创智能科技共同开发了全景沉浸式传统文化与美育启蒙课程“悟空课堂：给孩子的名画启蒙”。课程通过

30 节课，带领孩子学会欣赏 50 余幅名画，了解古代服饰、饮食、建筑、交通、娱乐等 5 大领域的历史，接触中小学语文、历史、美术课本中的 100 多个知识点，掌握历史、诗词、地理、风俗等多项文化知识。

3. 数字阅读服务

1）阅读营

外研社阅读营以“绘本精讲视频课程 + 阅读社群”的形式提供家庭英语阅读规划和指导。在阅读营里，专业的培训师不仅帮孩子规划好英语阅读路径，还借助数字资源教会孩子阅读方法，指导家长科学开展家庭英语阅读。学校也可以依托阅读营开展家校联动的阅读打卡活动，培养学生的阅读习惯，借助阅读营的平台记录学生阅读成长。

图 7-6　丽声瑞格叔叔自然拼读与英语阅读营

图 7-7　外研社丽声英语带读营

图 7-8　英文绘本特级教师寒假领读营

2）外研社分级阅读馆

外研社积极响应教育部等八部门联合发布的《全国青少年学生读书行动实施方案》，依托四十余年外语优质教材与读物出版和外语教育经验，基于《中国中小学生英语分级阅读标准（实验稿）》和“外研社英语分级阅读体系”，甄选千余本优质图书资源，结合学生英语课内外学习的现实需求，选取合适的阅读材料进行科学搭配，辅以多媒介、多模态的阅读辅助工具和服务，推出一套体量庞大、科学进阶、深度匹配、主题多元、形式丰富的家庭阅读服务方案——外研社分级阅读馆。

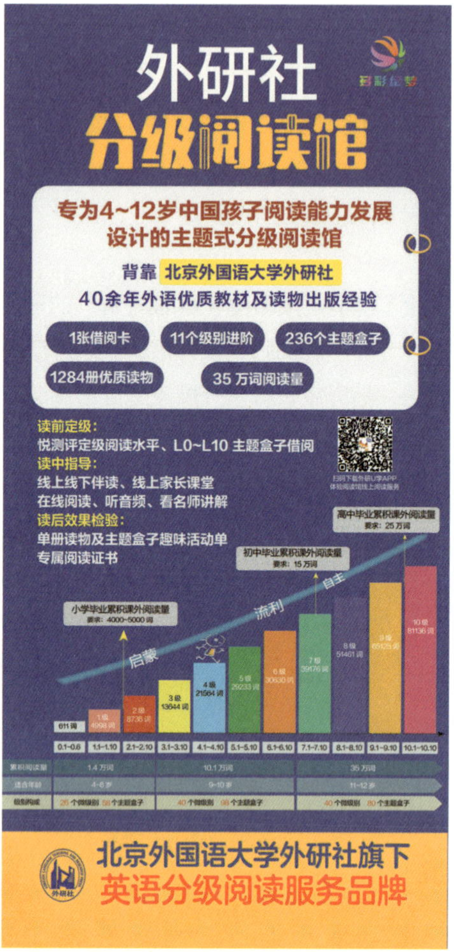

图 7-9　外研社分级阅读馆

外研社分级阅读馆是专为 4 至 12 岁孩子设计的主题式英文分级阅读馆，旨在提供科学的阅读规划和专业的阅读指导。作为国内唯一一家主题英文分级阅读馆，外研社分级阅读馆以主题阅读为特色，能够帮助家长和孩子解决英语阅读“读什么”和“怎么读”这两个关键问题。

在阅读内容方面，外研社分级阅读馆横向整合了外研社 18 个经典读物套系，根据主题深度整合为 3 大主题范畴、8 大主题群、20 个细分维度和 236 个子主题，形成 236 个主题盒子，设置 3 阶 11 级的分级进阶路线，并配套专业的读前定级测试、读中音视频指导、读后效果检验，辅以点读笔、扫描笔、音视频等多媒介、多模态的阅读工具和资源，及全方位的家庭阅读指导，让孩子会阅读、爱阅读。通过主题阅读，帮助孩子围绕主题形成多元认知，建立丰富的知识网络。在阅读过程中，同一主题下的核心词汇和句型在多本读物中频繁出现，有效帮助孩子在情境中学习语言。所选读物按主题和级别分类管理，方便孩子找到感兴趣且难度适宜的读物，养成良好阅读习惯，积累远超课标要求的课外阅读量，成为终身阅读者。

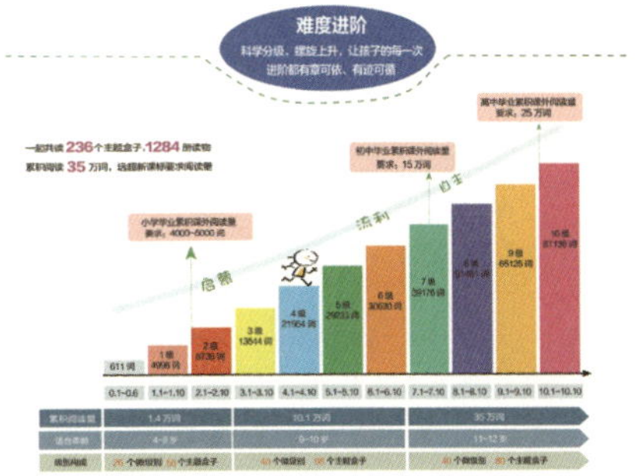

图 7-10　3 阶 11 级的分级进阶路线

图 7-11　外研社英语分级读物展示

在阅读形式方面，外研社分级阅读馆与“外研 U 学”APP 紧密结合，会员可享受“外研 U 学”APP 阅读服务。“外研 U 学”APP 提供专属的本土化测评，帮助孩子定位阅读水平、找到阅读起点、记录阅读进展，还为孩子提供伴读视频等辅助阅读资源。会员可在门店借阅纸质读物，观看在线伴读视频，养成良好的阅读习惯。

第三部分

英语阅读教育改革专题研究

第八章

英语阅读教育改革背景与路径

一、英语阅读教育改革背景

新一轮基础教育课程改革（以下简称“新课改”）是英语阅读教育改革的宏观背景。在过去的二十多年间，新课改经历了两个发展阶段。

1998年至2014年是新课改的探索与实验期。中国共产党第十五次全国代表大会提出了“面向21世纪教育振兴行动计划”。1998年12月24日，教育部制定《面向21世纪教育振兴行动计划》，提出将于2000年“初步形成现代化基础教育课程框架和课程标准，改革教育内容和教学方法”。2001年6月8日，在党中央、国务院的领导下，教育部印发《基础教育课程改革纲要（试行）》（教基〔2001〕17号），新课改正式启动。新课改是“面向21世纪教育振兴行动计划”的一部分，旨在“实施‘跨世纪素质教育工程’，整体推进素质教育，全面提高国民素质和民族创新能力”，因此素质教育是新课改的关键词。在课程内容和教学方法上，这一时期的标志性文件《全日制义务教育普通高级中学英语课程标准（实验稿）》和《义务教育英语课程标准（2011年版）》，明确了英语教学从“过分重视语法和词汇知识的讲解与传授、忽视对学生实际语言运用能力的培养的倾向”，转向发展学生的综合语言运用能力，强调工具性与人文性的统一。此后，中小学英语课堂发生了积极而深刻的变化，传统的讲授语言知识的教学方式转变为教师指导下的学生体验、参与、实践、合作、探究式的学习方式，学生在良好的学习氛围中学习语言知识与技能，发展兴趣，建立自信，探索有效的学习策略，用所学语言获取新知识，进行思维和情感交流（王蔷，2009）。然而，这一阶段的课程改革虽然取得了显著成绩，但是从实践层面看，传统的教学理念尚未得到根本转变；教学多呈碎片化状态，缺乏整合，忽视对主题情境的创设和对主题意义的深层探究，导致学生思维培养缺失等（王蔷，2023）。

2014年至今是新课改的深化与实践期。《国家中长期教育改革和发展规划纲要（2010—2020年）》提出了深化教育体制改革、加强教师队伍建设、改革教学内容与方法等多个方面的发展目标。随后，教育部印发《关于全面深化课程改革落实立德树人根本任务的意见》，进一步加大了课程改革的深度与广度，标志着新课改从发展学生的综合语言运用能力进一步转变为培养学生核心素养。《高中新课标》

与《义教新课标》的颁布，集中体现了这一变化，不仅重新定义了英语教学目标和方法，而且更加强调学生的主体地位、单元整体教学理念、培养高阶思维和正确的价值观。在指向发展学生核心素养的新课改背景下，英语阅读教育的价值和意义日益凸显，在新课改中扮演着至关重要的角色，特别是在培育学生语言能力、文化意识、思维品质及学习能力等核心素养方面起到了关键作用。

总体来看，自 1998 年起，每一份政策性文件的发布都对英语阅读的教学框架和教学方法产生了深远的影响，推动了英语课堂生态的变革，从过分重视语言知识的讲解与传授转向培养学生核心素养。在新课改背景下，英语阅读立足于核心素养，要求教师不仅要关注学生的语言能力，还要培养学生的跨文化认知、批判性思维、科学的学习方法和创新能力等综合素质。这些变化促使英语阅读教育朝着更高的目标努力，为培育适应未来发展、具备国际竞争力的时代新人奠定坚实基础。

二、英语阅读教育改革路径

阅读教学是阅读教育的核心组成部分。基础教育阶段的英语阅读教学发展分为三个阶段。第一阶段为 2000 年至 2010 年的启蒙期，主要表现为学者呼吁要重视英语阅读，并尝试将国外英语阅读理念和方法引入中国。第二阶段为 2010 年至 2016 年的探索期，研究者潜心研制英语分级阅读标准，探索英语阅读教学模式，推动英语阅读教育的发展。第三阶段为 2017 年至今的英语阅读教学深入发展期，在《高中新课标》和《义教新课标》理念的指导下，整本书阅读在中小学日益普及，英语阅读教学研究呈现百花齐放的态势。

（一）英语阅读教学的启蒙期（2000—2010 年）

随着 21 世纪的到来，社会生活的信息化和经济活动的全球化使外语，特别是英语，日益成为我国对外开放和与国际交往的重要工具。我国充分意识到外语教育水平对政治、经济和社会繁荣与发展的重要意义，决定把小学开设英语课程作为 21 世纪初基础教育课程改革的重要内容，从 2001 年起逐步在全国以小学三年级为起点，积极推进英语课程。从 2001 年到 2008 年，我国小学英语课程的平均开课率已达 60%~70%，很多较发达地区已达到 100%（王蔷，2009）。小学生的语言与认知发展特点与初中生有很大不同，初中常用的语篇教学法无法对小学英语课程实施进行指导，因此北京师范大学外文学院外语教育与教师教育研究所成立了小学英语课程整体改革实验项目组，于 2003 年正式启动小学英语课程整体改革实验项目，根据儿童学习外语规律，研制小学外语课程体系。在该课程体系中，研究者将六分之一的课时分配给阅读，且通过评估发现学生阅读能力随年级增长逐步提高。

这十年间，尽管相关英语阅读教学研究还相对较少，但研究者已开始关注英语阅读在儿童英语学习中的重要性，并开始探讨国外的英语阅读教学经验。王蔷(2005)在分析国外小学外语课程时发现，国外小学通常采用游戏、故事、歌曲等富有乐趣的教学方式，这些方式符合小学生的生活经验和认知水平，有助于促进记忆、激发学习兴趣，尤其适合小学生注意力短暂、对叙事性故事理解能力强、好动、喜欢游戏和歌曲的学习特点。樊波（2006）也强调了在小学阶段开展阅读教学的重要性，并结合自身教学研究提供了一些适用于小学课堂的阅读教学方法。程晓堂、王建平（2008）认为，提供具有相对完整语境的故事可以激发儿童的学习兴趣，为小学生提供丰富的语言素材。陈则航等（2010）分析了采用儿童文学作品进行语言教学的优势，提出在中国环境下围绕儿童文学作品开展阅读教学的迫切性及实施条件，并详细介绍了持续默读（SSR）和阅读圈（Reading Circles）两种教学模式。研究者对阅读教育意义和方法的相关研究，为国内英语教育工作者开启了英语阅读教学启蒙，点燃了英语阅读教学的星星之火。

（二）英语阅读教学的探索期（2010—2017 年）

2010 年以后，在高校教育工作者的呼吁下，儿童英语分级阅读日益受到重视，我国图书市场上也出现了大量英语分级读物。为对英语阅读教学和英语分级读物出版进行指导，北京师范大学与外研社联合申请了全国教育科学规划专项课题——“中国中小学生英语分级阅读体系标准研制”（课题号 GPA115054）（以下简称“标准研制”），旨在制定我国首个小学英语阅读分级标准，明确相应的分级阅读书目，并构建适合我国国情并具有效性的小学英语阅读教学模式，进而推动我国小学生英语阅读素养的健康发展。该课题采用边实践边研制的方式推进，一边指导实验校开展分级阅读教学，一边基于实验数据研制适合中国中小学生的分级阅读标准。经过五年的理论研究与在课题实验校开展的英语阅读教学，基于大量实证数据和一线教师及教研员的反馈，课题组撰写了《中国中小学生英语分级阅读标准（实验稿）》。该标准按不同年龄段少年儿童身心发展的特点和认知思维水平，遵循语言学习的规律，提出了各阶段学生的英语阅读能力、阅读习惯、阅读量等方面应该达到的级别标准，并给出了相应的读物选择标准。作为首个专为中国学生研制的分级阅读标准，《中国中小学生英语分级阅读标准（实验稿）》一经出版便受到了广泛欢迎，成为中小学英语教师开展英语阅读教育的重要参考资料。

图 8-1　《中国中小学生英语分级阅读标准（实验稿）》（王蔷、陈则航，2016）

在指导实验校开展英语阅读教学的过程中，学者对英语阅读教学模式和方法展开了深入、广泛的研究，探索出了适合我国国情的英语教学模式和方法。2015 年，北京师范大学和外研社在北京大学附属小学举办首届全国中小学英语阅读教学学术研讨会，首次发布了“中国中小学生英语阅读素养发展目标理论框架”。会上，专家以主旨发言和专题培训的形式将“标准研制”课题探索出的阅读教学模式和方法做了普及和推广，给与会教师提供了很多启发，极大地推动了中小学英语阅读教学发展。

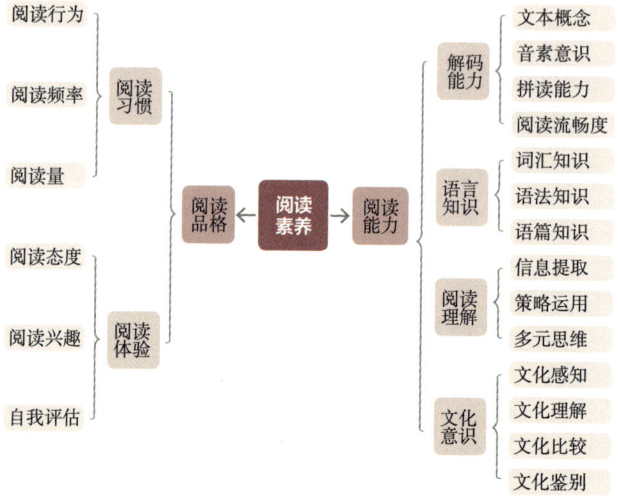

图 8-2　中国中小学生英语阅读素养发展目标理论框架

学者从英语阅读课时分配、教学活动组织等方面做了细致阐述，进而对一线英语阅读教学进行指导。有课时的学校可以开设阅读课，采用图片环游、阅读圈等教学模式，没有课时的学校可以采用持续默读模式（王蔷，2015）。以“中国中小学生英语阅读素养发展目标理论框架”为参考，为发展学生阅读素养，王蔷、陈则航（2016）指出外语阅读教学应改变过去“词汇开花、语法为本”的教学模式，着眼于从文本概念、音素意识、拼读能力、阅读流畅度、阅读策略、语言知识和文化背景知识入手，设计丰富的课堂阅读教学活动和有效的阅读教学方法，在提高学生阅读能力的同时，还要特别重视对阅读品格的培养，努力引导学生形成积极的阅读情趣和良好的阅读习惯。罗少茜（2016）介绍了适用于读前、读中和读后的各种课堂活动，并提示教师们注意：读前活动的目的在于认知文本整体意义，而不是解决潜在的困难或问题；读中活动主要是将学生隐性的阅读过程显性化的一个过程；读后活动的目的在于进行具体的语言学习。

在扎实的理论研究指导下，英语阅读教学实践在全国各地逐渐发展起来。标准研制课题组系统总结五年多来在英语分级阅读教学领域的探索取得的阶段性成果，通过《小学英语分级阅读教学：意义、内涵与途径》一书系统介绍了小学英语分级阅读教学的意义、理论基础、内涵与途径，并结合优秀教学案例，对图片环游、持续默读、阅读圈和拼图阅读法等做了全面介绍，为小学英语教师提供理论和实践启示。

图 8-3　《小学英语分级阅读教学：意义、内涵与途径》（王蔷等，2017）

2016 年 10 月，为服务国家培养学生核心素养的战略需求，全面推动英语阅读教学研究与实践，北京师范大学和外研社联合创办中阅院。至此，我国有了专注研究英语阅读教育的学术机构。院长王蔷教授在中阅院成立致辞中表示，中阅院不仅将继续研究和推广英语阅读教育，在理论层面完善中国中小学生阅读素养框架及其他外语阅读理论研究，也将设立多个方向的研究课题，在国内和国际高端学术研讨上发出中国声音。英语阅读教学探索期取得了丰硕成果，为后续发展奠定了基础。

（三）英语阅读教学的深入发展期（2017—2023 年）

2017 年以来，中阅院连续举办"全国中小学英语阅读教学学术研讨会"，推广、普及英语阅读教学理念和方法，并通过专项课题和一般课题指导全国各地的教研员和教师开展英语阅读教学理论和实践研究。中阅院以课题研究为代表的科研为纽带，将理论与实践、研究与教学、专家与全国各地的英语教育工作者联结起来。借由课题指导，专家们走入课堂，观察阅读教学实践，指导教师改进课例，并以实践激发理论思考。在专家的指导下，优秀教研员和教师通过一个个课例的优化、打磨到完整阅读课程模式的建构，不断成长。随着《高中新课标》和《义教新课标》的颁布和实施，中阅院也在新课标背景下持续推动阅读教学改革。

《高中新课标》以立德树人为宗旨，力求构建并优化与其协调一致的课程目标、课程结构、课程内容、教学方式和课程评价，以确保学科育人计划能够有效落地，基础教育课程的使命也才能得以完成（王蔷，2018）。修订后的普通高中英语课程目标，从“综合语言运用能力”转向了英语学科核心素养。2022年，《义教新课标》颁布，明确核心素养是英语课程育人价值的集中体现，是学生通过课程学习逐步形成的适应个人终身发展和社会发展需要的正确价值观、必备品格和关键能力。学科育人和语言学习都是依托语篇学习进行的，这其中包含大量的阅读活动。王蔷（2017）指出，在新的学科目标的要求下，英语阅读对于提升学生的核心素养将会起到关键作用。“学生以主题意义探究为目的，以语篇为载体，在理解和表达的语言实践活动中，融合知识学习和技能发展，通过感知、预测、获取、分析、概括、比较、评价、创新等思维活动，构建结构化知识，在分析问题和解决问题的过程中发展思维品质，形成文化理解，塑造正确的人生观和价值观，促进英语学科核心素养的形成和发展”（王蔷，2015）。《高中新课标》和《义教新课标》的陆续颁布和实施进一步凸显了英语阅读在英语教学中的重要地位，核心素养、单元整体教学、跨学科主题教学以及“教—学—评”一体化也影响了英语阅读教学的发展。

以“核心素养”理念为指导，学者对英语阅读教学做了广泛而深入的研究，高度认同阅读在培养学生核心素养中的作用，也对如何更好地在教学中应用读物提升学生的阅读素养给出了富有实操性的建议。王蔷、敖娜仁图雅（2017）建议中小学开展阅读教学时要选择难度适宜且与学生认知匹配的读物。王蔷（2017）给出了核心素养背景下英语阅读应遵循的十条原则，包括：足够量的、适当的、多种文体的阅读素材；创设积极的阅读动机和环境，提供积极的阅读体验；力求课内外阅读相结合，培养学生主动学习的习惯等。英语阅读教育发生的主要场景是课堂，为了更好地培养学生的英语学科核心素养，教师应不断优化教学设计。孙晓慧（2017）指出，在大力提倡促进学生学科核心素养发展的前提下，教师要在教学设计中以服务学生英语学科核心素养的发展为目的，从意义出发深挖文本，整体规划教学设计，将碎片化知识结构化；在设计具体教学活动时，做到“小步子滚动学习”，基于学生已知创设迁移情境，帮助学生内化所学，促进课堂生成；将教学设计与育人价值紧密结合，潜移默化渗透育人价值。钱小芳等（2018）指出，在绘本阅读教学中，教师需要在厘清文本内容与形式的基础上，细化可实现的核心素养具体内容，然后根据文本和学情选择适当的绘本阅读教学方法。关于如何培养核心素养中的思维品质，陈则航等（2019）通过对实例进行分析，指出教师在日常教学中，应首先对教学内容进行深入透彻的分析，并从学生现有的思维水平出发，寻找文本中学生思维的发展点，设计出合适的学习活动和任务，并努力提高课堂提问的质量，调动全体学生积极、主动地思维。罗少茜、张玉美（2020）分析了阅读圈教学法与核心素养的联系，并就阅读圈作为教学任务和评价任务实施过程中的一些关键问题进行了阐释。

王蔷（2020）通过分析中外文献，阐述了阅读与写作之间的关系，并给出了开展英语读写结合教学的策略与方式，建议教师在读写结合的教学设计中，要特别注意避免重形式、轻实效的倾向。她指出，在中国中小学生英语读写素养培养中，合理连接拼读、阅读和写作教学，对促进均衡的英语读写素养发展具有重要意义，建议教师应以意义探究为引领，挑选合适的语篇为拼读、阅读与写作教学提供良好的情境和内容主题，创设关联融合的教学活动以发展学生读写素养（王蔷，2021）。钱小芳（2022）在对国内外近三十年的读写结合研究做了梳理后建议，读写结合教学中要特别关注读和写的联结之处，在社会文化理论等的指导下，找到学生的最近发展区，提供支架，注意读写任务与真实世界的联系，增强学生的学习动机。在北京，王建平、王芳和林红等教研员从 2021 年开始指导实验校做英语读写结合教学研究，取得了很好的效果。王建平、孙宏志（2023）发现创造性复述不仅可以帮助学生内化所学内容，提升概括能力和语言能力，还可以进一步培养其创造性思维。王芳（2023）从读写关联的角度出发，建议小学英语教师可以围绕主题意义统筹安排整个单元的教学内容，在主题意义引领下，以语篇为依托，通过一系列读写关联的实践活动培养学生的读写能力。

为实现我国英语阅读教学的理论与实践创新，王蔷教授及其团队携手外研社共同策划了“中国英语阅读教育研究院教师发展系列”丛书，推出《外研社 · 英语分级阅读教学指南》。该书是一套较为全面、系统、理论联系实际的英语阅读教学理论与方法指导用书，按照十个专题，分为十本书进行规划，分别从宏观（三本）、中观（三本）和微观（四本）三个层面为教研员和一线教师实施英语阅读教学、开展阅读教学研究提供指导。该书一经出版，就成为很多英语阅读教育工作者的案头书，切实有效地促进教师阅读教学理论素养的提升，丰富教师的阅读教学方法和策略，帮助教师将阅读教学实践与阅读教学研究有机结合。

图 8-4 《外研社·英语分级阅读教学指南》（王蔷，2021）

（四）英语阅读教学的未来路径（2024年及以后）

经过前三个阶段的发展，英语阅读教学理念在中国得到了普及，理论基础得以夯实，教学实践更加丰富，为英语阅读教学的进一步发展奠定了良好基础。未来英语阅读教学将朝哪个方向发展？我们可以结合课程改革政策文件、相关学术研究及当下英语阅读教学实践情况进行分析和预判。

《高中新课标》指出英语课程内容是发展学生英语学科核心素养的基础，包含六个要素：主题语境、语篇类型、语言知识、文化知识、语言技能和学习策略。《高中新课标》重新选取了英语课程内容，梳理了各项内容之间的关联，认识到语言及其所承载的主题语境和文化内涵是语言学习的核心内容，是英语学科核心素养形成的基础。听、说、读、看、写是语言学习的核心活动，学生围绕语篇的主题意义和主要内容，通过获取与梳理、概括与整合、分析与论证、批判与评价、迁移创新等活动，发展语言能力、提升思维品质，形成正确的价值观念，发展学习策略，学会学习（王蔷，2018）。《义教新课标》要求以主题为引领选择和组织课程内容，以不同类型的语篇为依托，融入语言知识、文化知识、语言技能和学习策略等学习要求，以单元的形式呈现。教师要以单元为单位呈现课程内容，以主题为统领实施单元整体教学，挖掘单元育人价值，搭建单元育人蓝图，使学生完成单元学习后，能够建构起并生成围绕单元主题的深层认知、态度和价值判断，促进核心素养综合表现的达成（王蔷等，2022）。《义务教育课程方案（2022年版）》还特别强调义务教育课程要遵循“加强课程综合，注重关联”这一基本原则。为落实这一要求，《义教新课标》在三个学段的“教学提示”中分别对教师如何根据学生的实际英语语言能力开展英语综合实践活动提出了相应的要求，为教师组织和开展跨学科主题学习提供了指导和建议。综上，“单元整体教学”“跨学科主题教学”是新课改的重要方向，而在落实过程中，“阅读”具有不可或缺的重要作用。

新课改的目标是培养学生的核心素养，指向核心素养发展需要通过深度学习实现。深度学习是一个系统复杂的认知和价值判断能力发展过程，依托单一语篇或单一结构的学习是难以实现的（王蔷等，2021）。为践行新课改，教师需要围绕核心素养综合表现精选学习内容，整体设计教学单元，以主题为引领，以不同类型的语篇为依托，融入语言知识、文化知识、语言技能和学习策略的学习要求，强调内容六要素整合式教学，而非碎片化的知识点学习（梅德明、王蔷，2022）。从学科大观念的视角出发，教师要充分挖掘单元的育人价值，并将育人目标融于主题意义探究和语言实践活动中，构成结构清晰、情境丰富的单元育人蓝图，推动单元主题大观念背景下学生语言能力、文化意识、思维品质和学习能力的融合发展，促进英语学科育人价值落地课堂（王蔷等，2021）。为发展学生核心素养，给学生提供更丰富的学习资源，创设更真实的主题语境，教育工作者广泛尝试将英语读物融入单元整体教学中。钱小芳、但清瑶（2021）通过指导学校阅读教学发现，可以采取单元融合的方式，即在一个单元的教学范围内，将教材与绘本进行融合，以单元话题为明线，以单元主题为暗线，补充一节绘本阅读课。丁海英（2023）针对小学英语绘本和教材的课内外融合阅读教学中存在的问题，提出了“4 融 4 分”的课内外融合阅读实施指导策略，其中“4 融”是指在课堂教学中将补充阅读材料如绘本、时文等与教材融合，以大单元为单位，将主题内容、语言文化知识等相同、相近或相关的绘本内容，融进单元不同课时，融入课堂不同环节，融汇不同阅读方法，拓宽学生知识视野的同时，复现语言和文化知识。刘银平、王艳萍（2023）提出在主题语境下应用英语课外阅读资源的整体推进式路径，即：梳理主题语境，将课外阅读纳入单元整体教学设计；依托主题语境，整体进行英语课外阅读资源的应用；延伸主题语境，在活动和评价中促进课外自主阅读。由相关理论和教学实践可知，以教材单元主题为育人蓝图，有机融入优质读物资源，是促进学生核心素养全面发展的可行路径。

英语跨学科主题学习是落实《义教新课标》提出的培养目标、改变教与学方式的一个重要举措（王蔷、刘诗雨，2023b）。语言学习需要依托内容进行，因此相对其他学科而言，英语学科更具有开展跨学科主题学习的潜力。英语学科中的跨学科主题学习不应局限于“不少于 10%”的课时的要求（蒋京丽，2023）。跨学科主题学习是实现课程综合化、凸显课程实践性的重要举措，对强化课程协同育人功能、提升人才培养质量具有重要意义（郭华，2023）。就英语课程而言，跨学科主题学习是以英语学科学习为立足点的一种综合实践活动。英语跨学科主题学习要基于英语学科的立场，以英语课程内容为依托，以主题为核心和纽带，统领、整合其他学科课程的学习内容、方法和思维方式，使不同学科的知识围绕主题有机融合，从而引导学生形成新的相对系统的认知和解决问题的方法和能力，促进学生核心素养的整体发展（王蔷、刘诗雨，2023a）。基础教育工作者也非常认同跨学科主题学习对于培养学生核心素养的重要意义，积极在实践中开展跨学科主题教学，为学生进行跨学科主题学习创造条件。赵文娟（2023）将具有跨学科主题教学特色的初中英语阅读教学实施路径提炼为“一破、二链、三创”，用于对教师实施跨学科主题教学进行指导。陈芳（2023）通过指导教师实践总结出基于整本书阅读的初中英语综合实践活动设计路径，即可以按“分析整本书的学习内容，梳理语篇主题意义”“基于整本书的学习内容、主题意义和学情，规划英语综合实践活动的课时与内容”“制订核心素养导向的英语综合实践活动学习目标”“推进英语综合实践活动‘教—学—评’一体化设计”这一路径展开。在跨学科主题学习活动中，阅读是进行内容和语言输入的重要方式，教师可以充分利用和有效开发教材资源，在使用主教材的同时，结合其他版本教材的相关内容或者素材性的学习材料，为学生提供词汇、句型、语法和语篇等的支持，拓展学生的语言知识（蒋京丽，2023）。目前，跨学科主题学习方向的相关研究还较少，仍有很多研究工作需要去做。

第九章

英语阅读教育改革典型案例

近年来，英语阅读对学生发展的价值和意义得到普遍认同，英语阅读教育理论研究和实践探索广泛开展。中阅院及其前身“中国中小学生英语分级阅读体系标准研制课题组”一直与广大英语教育工作者协作推动英语阅读教育研究发展，过程中涌现了很多优秀案例。在本报告中，我们将从英语阅读课程建设、教师阅读教学能力发展、英语阅读教学路径与策略三个维度，选取九个典型案例，分享英语阅读教育改革的成效。

一、英语阅读课程建设

（一）紧跟新课标推动英语阅读课程建设

案例作者：王芳（北京市西城区教育研修学院）

《义教新课标》要求，在语言技能方面，一级、一级＋的课外阅读量累计应达到1500~2000词，二级、二级＋的课外阅读量累计应达到4000~5000词，三级——7年级的课外阅读量累计应达到4万词以上，三级——8年级的课外阅读量累计应达到10万词以上，三级——9年级、三级＋的课外阅读量累计应达到15万词以上。由此可见，英语阅读成为英语教学的重要组成部分。同时，《义教新课标》倡导推动实施主题意义引领下的单元整体教学。基于此，北京市西城区教育研修学院教研团队带领教师进行了“单元视域下，小学英语主题阅读课程建设的区域实践”。该研究以立德树人为总目标，指向学生英语学科核心素养，旨在以教材语篇为基础，适当补充阅读资源，建设贯穿小学六年英语主题阅读课程。在课程体系的设计上，我们注重从整体上进行规划，对教材主题统整和重新划分，有机融入优质资源；在课程实施中，我们聚焦阅读课范式的建构，帮助教师提升教学能力；采用发展性评价和多元评价，最终通过深度阅读实现帮助学生发展阅读策略、提升思维品质和养成阅读习惯的教育目标。

1. 以探究主题意义为核心，形成“教材 +1”的课程开发新样态

区域层面，集全区骨干教师之力，进行各年级、各单元的主题意义梳理，搭建主题阅读课程的框架；学校层面，基于学情和校情，形成有学校特色的主题阅读校

本课程。在这个过程中，逐步构建起以探究单元主题意义为核心的“教材 +1”课程开发新样态，具体包括：

（1）研读教材，提炼主题意义

借助“What — How — Why”思维支架，深入研读教材语篇，挖掘其育人价值，再将相同或相似教材内容进行整合，形成新的教学单元，并提炼出主题意义和教学主线，形成结构化知识网络。

（2）筛选阅读资源，延深主题意义，实现“教材 +1”

基于阅读资源的主题、趣味性、篇幅、难易程度等，选择适合学生的补充阅读材料，以帮助学生加深对主题意义的理解，优化单元主题意义建构过程的合理性和逻辑性，助力单元育人蓝图的形成。

（3）重组单元内容，形成单元育人蓝图

在深入解读和分析单元内各语篇及相关阅读资源的基础上，对单元内容进行重组，建立单元内各语篇内容之间及语篇育人功能之间的联系，形成具有整合性、关联性、发展性的单元育人蓝图，促进学生核心素养综合表现的达成。单元育人蓝图是单元整体教学的基石，能够有效帮助教师精准定位教学重点，合理恰当地确立单元整体教学目标，以确保在语篇教学中逐步落实单元主题目标，最终促进育人目标的达成。

2. 以“读思达”课堂教学为范式，设计和实施多样化的阅读活动

（1）“读思达”课堂教学模式

“读思达”课堂教学模式包含充分阅读、深度思考和生动表达三个环节。充分阅读包括理解主旨大意和寻找细节信息；深度思考需要学生挖掘文本内涵，体会作者的情感态度，分析文章的篇章结构和语言特点，实现对语篇的深层理解；生动表达即通过教师的过程性指导，学生运用所学语言知识，在新的情境下解决新问题，进行创造性的语言输出。

“读思达”课堂教学模式一方面可以进一步完善小学英语课堂阅读教学样态，帮助学生实现完整而有深度的加工，从而促进阅读力、思考力和表达力的全面发展；另一方面，这种教学模式为扭转小学英语读写教学分离的现象提供了一种可能的途径。通过语篇分析和多元解读，学生对阅读语篇的理解得以内化为素养；同时，学

生把所学知识与生活实际建立关联，进行创造性表达，最终达到提高学生语言综合运用能力的目的，让英语学科核心素养落地。

（2）综合实践活动

借助综合实践活动开展阅读教学是推进阅读课程建设的重要策略。设计和实施小学英语综合实践活动的原则包括：

◎ 主题引领：基于单元整体教学的综合实践活动需围绕特定主题开展，学生学习并综合运用语言，探究主题意义，形成价值判断。

◎ 真实问题驱动：当学生面对真实问题时，英语作为语言的实用价值就会充分体现出来。用英语语言来解决真实问题、完成真实任务，可以为学生的英语学习与综合运用开辟广阔的空间。

◎ 跨学科项目式学习：语言的学习从来不局限于语言学科本身，它是所有学科都可以运用的工具。开展跨学科项目式学习，有助于激发学生的主动性、合作性和探究性，促使学生将课内所学链接现实世界，学以致用，形成应对未来挑战的关键能力和核心素养。

3. 建立科学的单元评价体系

单元评价任务既包括对各项具体学习活动效果的评价，又包括对单元整体学习效果的评价。针对第一类评价，教师根据每课时的教学目标，设计有梯度的、逐层推进的课前、课中和课后学案，以此来评价学生每课时的学习效果。每课时的学案逐层叠加，层层深入，形成单元学历案，呈现学生学习的全过程，成为教师评价学生单元整体学习效果的有效手段。

除学历案外，教师也可以将最后的单元综合性输出活动作为单元整体评价任务，评价学生的单元整体学习效果。教师在绘本阅读过程中设计表现性任务，来评价学生的学习过程和学习结果。绘本阅读过程中可设计的表现性评价任务包括朗读、复述、表演、续编、创编等。对于中低年级学生，教师可以通过示范、指导让学生明白这些任务要达到的标准；对于高年级学生，教师可以和学生一起开发表现性任务评价量规，引导学生通过评价提高任务完成的质量。下表（表9-1）是某校教师和五年级学生开发的单元主题写作的评价量规。

表 9-1　单元主题写作评价量规

评价维度		分值
立意	中心明确，感情真挚	3　2　1
内容	形象地描述了礼物特征	3　2　1
	详细且有逻辑地讲述了买 / 制作礼物的经过	3　2　1
	生动形象地记叙了对方收到礼物时的感受	3　2　1
语言形式	语言表达较准确	3　2　1
	书写美观、整洁	3　2　1

小学英语阅读课程建设不是简单地增加或调整阅读材料、上几节绘本阅读课，而是需要教师在《义教新课标》的指导下，实现主题意义引领下的教材与绘本融合的教学实践，“打破传统的碎片化教学模式，转而开展纲领性统领的结构化、整合化的课程教学”（王蔷等，2021）。它要求教师从培养学生的核心素养这一长远的育人目标出发，将教材内容和绘本有机融合，实现两者在探究主题意义上的优势互补，推动英语学科核心素养落地。

（二）成都市小学英语阅读课程建设与实施

案例作者：樊波（四川省成都市教育科学研究院）

2012 年起，成都市小学英语教育一直致力于成就英语教师，以课程建设与实施促进学生综合语言运用能力的培养和学习能力的提升，提高学生思维品质及文化意识，形成英语学科关键能力和必备品格，指向英语学科核心素养落地生根。具体如下：

1. 专家引领明方向，课题撬动大能量

成都市从 2012 年开始进行小学英语阅读教学研究，于 2014 年开始跟随王蔷教授、罗少茜教授、陈则航教授、钱小芳教授等北京师范大学的专家们进行持续默读和分级阅读的研究，并于 2015 年申报了全国教育科学“十二五”规划教育部重点课题“中国中小学生英语分级阅读体系标准研制”专项课题“通过持续默读英语绘本提高小学中高段学生阅读能力的研究”，带领一批成都市先行学校的先行教师加入绘本阅读教学的研究中。2016 年，成都市十余位英语教育者带着对绘本阅读

教学的热忱与思考，陆续加入“绘本阅读教学”的子课题申报，基于主教材与绘本阅读的融合教学开展实践研究，将绘本阅读教学纳入常规英语教学。

图 9-1　教师在图书馆给学生上绘本阅读课

2. 重点课题为龙头，阅读教学纵深进

如果说“十二五”规划课题打开了阅读教学之门，那么“十三五”规划课题的研究便是将成都市小学英语阅读教学提升到了新的高度。2017年，成都市一批阅读种子教师申请通过了中阅院“十三五”规划第一期专项课题“小学英语绘本教学中发展学生思维能力的提问策略研究”，开启了以阅读促进学生思维发展的研究之路。此外，十多所学校参与中阅院一般课题的研究，成都市教育科学院课题成功立项，区级课题立项更是多达四十余个。自此，英语阅读教学研究之花在成都市各区（市）县悄然绽放，以研究促进阅读教学的发展，以阅读教学促进课题研究的深入，双向联动，互为提升。在阅读教学的实践研究中，根据教学需求，教师将绘本阅读教学与主教材融合，或从单元方向进行同质融合，或从语言方向进行语言知识融合；根据学生的阅读内容需求，教师在课程设计中将虚构类绘本和非虚构类绘本同步推进，丰富学生的阅读体验；根据学生的阅读策略需求，教师将阅读策略渗透入教学策略，互为贯通，相互促进。

3. 探索多元课程体系，满足学生成长需要

《义教新课标》颁布以来，成都市开始尝试更多元化的阅读教学，如中国故事绘本阅读、中国故事整本书阅读、跨学科绘本阅读、读写绘本教学和戏剧绘本教学等。目前，成都市广泛使用的英语阅读教材有“大猫英语分级阅读”系列、“多维阅读”

系列、“丽声英语百科分级读物”系列、“从读到写：英语写作启蒙”系列和“悠游素养系列 · 戏剧坊”等多套读物。多维度地选材让学生在阅读中获得知识、增长见识、开阔视野，阅读已成为学生英语学习的重要部分。教师在阅读教学中也受益良多，成果满满。

4. 师生共进出硕果，佳绩连连捷报传

当教师的教和学生的学实现双边互动、互为依托、相互促进、共同成长，师生共获佳绩也就成为必然。教师方面，2016 年开始，从每年 6 月辐射 22 个区（市）县的“小学英语绘本赛课”初赛，到每年 10 月的“成都市小学英语阅读大会”邀请全国知名专家现场指导，“成都英语阅读教学盛会”在一届又一届躬耕实践与扎实推进中得到了学界专家们的一致好评与盛赞，也深受成都市乃至四川省广大教师的热爱与期盼。“成都市小学英语论文评比”着眼于教师的长远发展，鼓励教师将平时的“经验小练笔”进行文本输出，提炼并转化成论文，促进教师从“经验型教师”向“研究型教师”转型。在中阅院组织的“播种阅读”优秀课例评选活动中，成都市教师连续荣获一等奖，数次参与“全国中小学英语阅读教学学术研讨会”教学示范课例展示。在 2020 年“全国中小学英语分级阅读教学说课大赛”中，成都市教师获得二等奖；在 2022 年和 2023 年“全国中小学英语分级阅读教学说课大赛总决赛（小学组）”中，成都市教师均荣获特等奖。学生方面，成都市于 2015 年开始进行“用英语讲绘本故事”“用英语讲中国故事”和“戏剧故事展演”等活动，学生的英语阅读呈现立体化、显性化、成果化，进一步提升了学生英语阅读能力，也带动了更多学生和家庭加入到英语阅读活动中。

综上所述，改革最终发生在课堂。不管是教师的教还是学生的学，都离不开课堂这个“主阵地”；不论是教师的研还是学生的赛，都离不开课堂这个重要载体。经过十几年的积淀与发展，成都市小学英语阅读教学已进入爆发期。我们有理由相信，通过丰富的阅读素材、多样的阅读活动、系统的阅读教学体系及多元的评价方式，秉承“校家社”协同育人理念，成都市小学英语阅读教学必能走向更深、更实、更远。

（三）家校均衡阅读模式下提升学生英语素养的实践研究

案例作者：戈向红（江苏省无锡市幸福外国语学校）

由江苏省特级教师戈向红老师主持的“新课程背景下家校均衡阅读模式的实践

研究”课题，旨在通过家庭和学校合作，打造均衡阅读环境，发挥信息技术优势，以学校阅读带动和指导家庭阅读的开展，提升学生英语阅读素养。

1. 内外结合——设计“悦”读体验活动，打造均衡阅读环境

在学校，教师在每周一节的英语阅读指导课上以必读书目为主教授学生阅读策略，并指导学生利用碎片时间进行阅读。

在家庭，学生根据自己的兴趣自主选择绘本，每天开展 10~15 分钟英语阅读，每周阅读 2~3 册绘本。以六年级整本书阅读为例（表 9-2），教师引导学生应用“固定 + 碎片”课内外阅读模式，实现均衡阅读。

表 9-2　六年级整本书均衡阅读时间表

环境	阅读形式	时长（分钟）	时段	主要内容
学校阅读环境	持续默读	5	午间	自主了解 chapter X 主要内容，形成问题
	激趣导读课	40	课外	激发学生对绘本的兴趣，示范阅读策略，布置课后阅读任务
	自由朗读	5	早读	师生共读，生生共读，独立朗读
	展示朗读 / 表演	5	课前	学生自主表达、朗读展示或角色扮演、小剧场展示等
	问题探讨，解答重难点	15	课后	通过小组合作、自主探究、教师指导，解决阅读问题，探究主题
	自由阅读	……	其他在校时间	自主阅读
家庭阅读环境	伴听必读语篇	10	起床后	非刻意听，养成听音习惯，培养语感
	听读必读语篇	10~15	晚上 8:00-8:15	模仿发音，自主朗读，规范语音语调
	微信阅读群，同学伴读	10	晚上 8:20-8:30	同学伴读，同伴评价，发音纠错，提问解答，完成阅读记录单
	自由阅读	……	其他在家时间	自主阅读

通过这样的方式打造家校均衡的阅读生态，在过程中提升学生的阅读体验，助力学生养成良好的阅读习惯。

2. 服务家长——研制“悦”读指南，提升均衡阅读效度

课题组研究不同家庭背景状况下学校指导家庭开展阅读的途径，建立科学高效的家校均衡阅读模式。

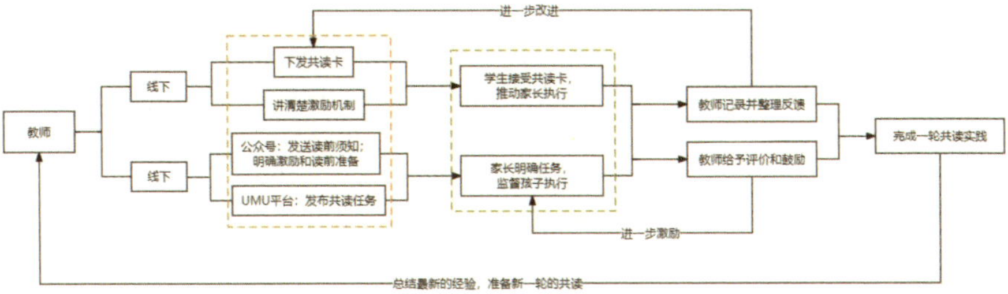

图 9-2　家校均衡阅读模式

课题组经过多轮实践形成了操作性强、科学性高的均衡阅读指南，为家长提供明确的阅读指导，逐步提升家长在亲子共读过程中的阅读指导能力，将均衡阅读过程大致分为读前、读中、读后三个环节。首先借助数字平台的“创建课程”功能，把绘本资源、导读单、上传链接、读后小测和反馈问卷编辑成课程小节，引导学生及家长一步步进行共读实践。在完成所有必修小节后，学生可以获得学习证书。总体操作下来，共读步骤清晰、使用方便，得到家长和学生的积极反馈。同时，借助微信公众号展示优秀视频，通过建立清晰有序的过程管理机制和成果分享机制，提升家长在参与过程中的情感收获与价值。

3. 创新载体——构建“悦”读平台，形成均衡阅读范式

根据家校“悦”读指南和绘本资源，开发与均衡阅读模式适配的载体，包括微信公众号、数字平台、家校英语阅读档案袋，为学生和家长打造集阅读资源、阅读分享和阅读评价于一体的泛在阅读平台，形成均衡阅读范式。

（1）“悦”读资源分级，提供多样选择

在微信公众号的菜单栏设置“绘本选择”栏目，学生可以选择适合自己的读物开展阅读，选择多样，搜寻便捷。

（2）编写“悦”读指南，引导科学共读

教师在均衡阅读中要发挥主体作用，引导家长和学生科学地开展阅读实践，提

升家长的指导水平。为此，课题组成员集思广益，参考借鉴文献资料，不定期地推送“亲子共读”的相关文字、视频材料，具体、形象、生动地为家长普及“亲子共读”的概念和科学的操作步骤。

（3）展评“悦”读视频，分享阅读收获

在几轮实践后，微信公众号推出了“优秀视频”栏目，为共读过程科学规范的家庭或阅读习惯、阅读能力发展有成效的学生提供成果展示平台。

（4）建立“悦”读档案，记录阅读过程

为每一名学生建立阅读档案袋，对学生的阅读过程进行跟踪评价。该档案袋主要记录学生在整个学期所开展的阅读活动和表现，其内容主要有学生的阅读计划表、阅读记录单和阅读评价表等。

（5）依托“悦”测评系统，跟踪阅读反馈

在学期中和学期末定期对学生进行测评，对测评数据进行分析，精准把握学生的阅读水平，根据学生阅读素养不同发展阶段的阅读理解能力发展目标和阅读习惯发展目标，及时调整学生绘本阅读进度。

总之，只有家校协同，建设课内外联动的英语阅读实施路径，为学生打造良好的英语阅读环境，才能有效提升学生的英语阅读素养。

二、教师阅读教学能力发展

（四）构建基于阅读教学主题的三级教研新样态

案例作者：王建平（北京市教育科学研究院）

加强阅读教育既是国家政策要求，也是培养学生核心素养的现实需要。自 2016 年起，北京市教育科学研究院携手区教研院、学校共建研究共同体，以“阅读教学”为教研主题，聚焦培养学生阅读素养关键目标，开展系列化、深层次、持续性的实践研究。八年来，北京市教育科学研究院通过“基于英语分级阅读提高小学生阅读素养”“小学生英语阅读素养培养路径与方法研究”“读写关联的活动设计对小学生读写能力发展的影响”和“深度学习在小学英语绘本阅读教学中的表现特征”这四项课题的研究，从宏观、中观、微观三个层面破解阅读教学难点，探索出“一体构建，双链融合，三课联动”的主题教研实践范式，形成具有区域特色、可复制的阅读教学实施路径与策略，在推动实现三级教研共同体滚动发展、广泛开展阅读教学上卓有成效。

一体化构建市、区、校三级教研协同共生的教研机制。围绕阅读教育热点、重点和难点问题，由市级教研牵头立项中阅院专项课题及北京市规划课题，结合市、区、校三级教研要素，有效统整与结构化设计开展协同研究，明确各区分组攻坚、分类研讨的思路，形成“一题一体”“一区一题”“一校一案”三阶分层分类支持体系及共建共享的教研氛围。市级教研通过分解研究任务，整体有序推进阅读教学深研和多向交流；区级教研设立子课题，加强教研经验总结与成果拓展；校级教研根据区级子课题，小切口关联找到一线教学“真问题”，开展有路径、能解决的校本教研。市、区、校三级教研纵向联动、各区横向互动，做到教研内容结构化、教研活动组织化、教师经验成果化、教研成果课程化，形成理论学习和实践探索同步、教研员与教师同行、区域研究成果同享、学校与学校同向的主题教研特色，构建起三级教研协同共生的教研机制。

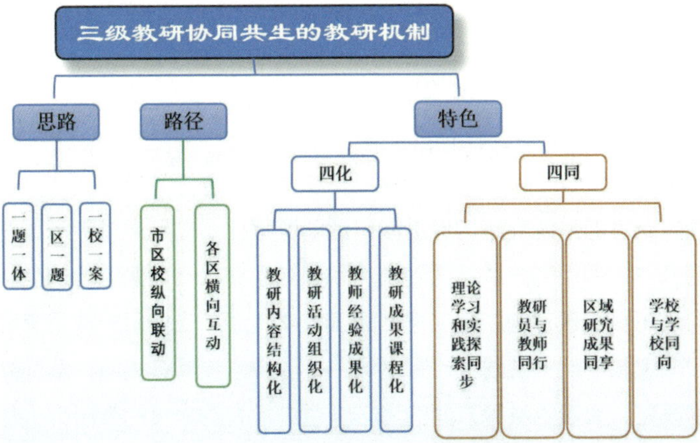

图 9-3　三级教研协同共生的教研机制图

课题牵引下教师阅读教学“问题链”与三级教研“意义链”融合共生促发展。市、区两级教研协同研究，在市级课题下围绕阅读教学及教师教学实践中的真实问题，采用整理、分析、细化、整合等方法提出目标化、系列化的研究问题，为区、校教研明确路径。这些问题以阅读教学为中心相互关联，形成问题链，不断促进在解决前一个问题的过程中引出新的问题。在问题解决的过程中，所有参与者共同进入教研“互动场”一题共答。教师学会从不同方面收集学生阅读过程中获取信息的方式、存在的阅读困难、思维发展的痕迹、阅读的收获反馈、标准达成的效果效率等，并对学生阅读体验过程中的表现特征进行观察和记录。课题透过解决具体教学问题推动教师学习，使教师始终处在体验、反思与实践建构的无限循环的发展链之中，达成促进教师发展的教研意义。

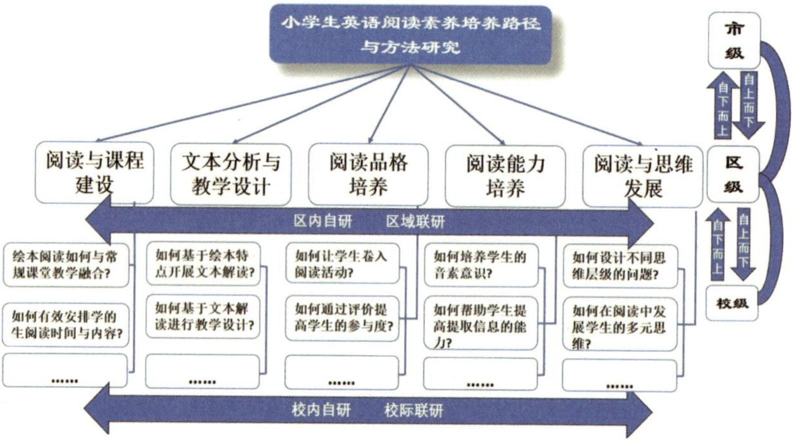

图 9-4　小学生英语阅读素养培养路径与方法研究

以课题与课堂的系统性建构促进教研活动课程化。立足课堂进行课题化校本教研，实现研究由面到点的分解、再到由点到面的汇集以及点面结合的互补，呈现主题教研的内在逻辑线索，构建起课程化阅读教学资源，支持研究成果落地转化。课题校教师在阅读教学课堂实践的“互动场”，围绕学生阅读兴趣、阅读能力、阅读技巧、阅读策略、阅读困难等方面的真实问题进行有的放矢的微研究，各区联动开展基于相似研究主题的分组同质研究，基于同一绘本不同主题、同类语篇不同绘本的异质研究，推动形成阅读教学教研主题系列成果。以“读写关联的活动设计对小学生读写能力发展的影响”课题研究为例，教师依托市级课题和区级子课题，立足课堂教学实践，在市区联研、校际联动和自主研究中形成了具有普适性和区校特色的研究方案，积累了丰富的教研资源、过程性资料，提炼出可供区校参考借鉴的教研经验，形成了丰硕的研究成果，如论文、随笔、课例和案例等，突出了三级教研的互通性、资源与成果的共享性。

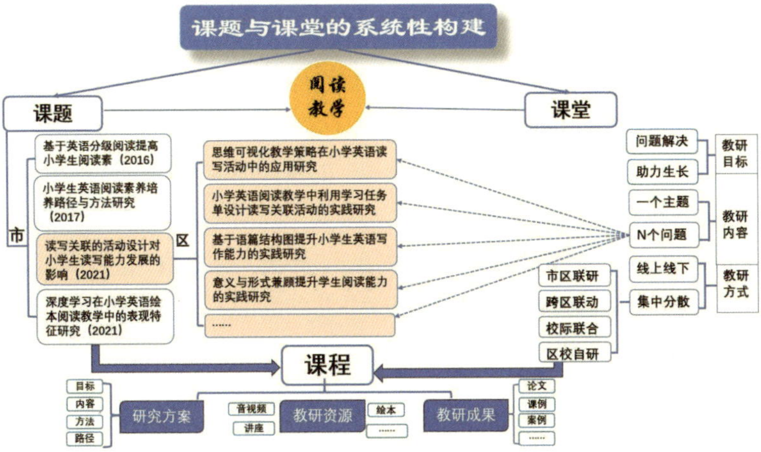

图 9-5　课题与课堂的系统性构建

（五）以教研工作坊提升教师阅读教学能力

案例作者：赵文娟（北京市朝阳区教育科学研究院）
　　　　　范玮（北京中学三分校）

2008 年以来，北京市朝阳区教育科学研究院英语教研员赵文娟老师始终致力于引领初中英语教师进行课内外英语阅读的相关课题研究。她所带领的阅读教研工作坊覆盖 31 个实验校、53 名实验教师，辐射影响全区 90 所中学、500 余名一线英语教师。工作坊成员积极探索开发多种泛读模式和英语阅读资源，有效提升自身阅读教学能力的同时，培养学生的阅读素养。

阅读教研工作坊聚焦泛读教学中的实际问题，针对拓展阅读资源有限、使用效果不佳、不能与教材有机融合等问题，开展了“通过综合开发课程资源，提高学生英语阅读素养的实践研究”课题研究（2008—2011 年）。针对缺乏恰当泛读教学方式的现实问题，工作坊开展了“开发整合阅读资源，探索初中英语泛读教学方式的实践研究”课题研究（2012—2015 年）。此后，随着英语分级读物不断增多，针对很多教师不知如何有效开展课内外泛读教学，工作坊开展了“通过开发图书漂流方式，提升学生英语阅读素养的实践研究”课题研究（2016—2020年）。从2021年开始至今，“通过整本书教学提升初中英语教师阅读教学能力的研究”课题研究稳步推进并展开了一系列教学尝试。

时至今日，阅读教研工作坊开发整合阅读资源，探索多种有效的泛读教学方式，最终推动了教师、学生和实验校三方有机协调发展。主要研究成果涉及如下四个方面：

第一，工作坊提出“综合开发课程资源”的设计理念，创建动态“拓展阅读资源库”。以教材单元主题为圆心，向外环拓展和主题相关的课外拓展阅读群，使学生在精读的基础之上，通过泛读巩固相关知识，拓展文化背景，逐步促进阅读素养的提升。“拓展阅读资源库”能够有效培养学生的阅读兴趣和阅读习惯，这对阅读素养的形成起到了助推作用。

第二，构建工作坊活动模式（图9-6）。由图可见，外部领域、教师本人的知识及理念，某个研修成果都会导致教师泛读教学实践的产生（实践领域）；实践经过反思后产出新的成果，而成果经过反思内化又会影响教师的知识、理念及态度，使之重新作用于外部刺激和信息，促进下一轮实验的开始。

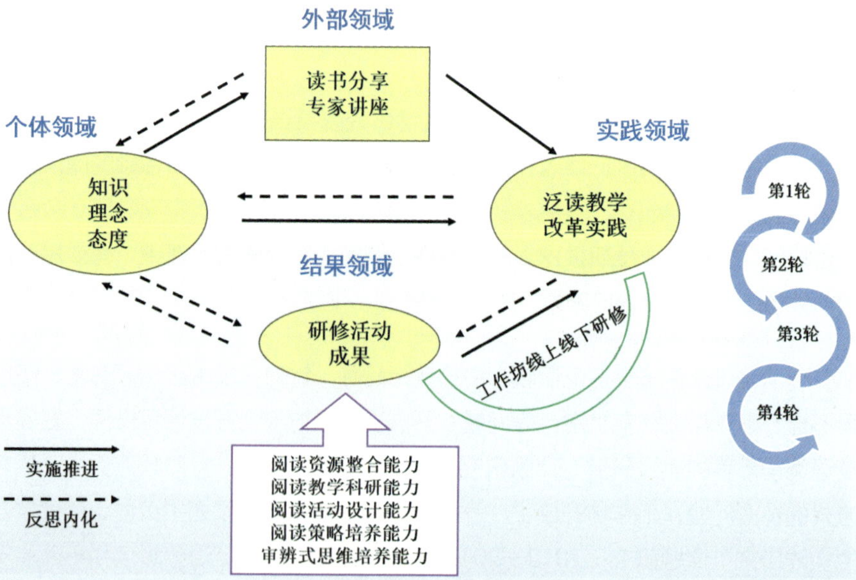

图9-6　阅读教研工作坊活动模式

第三，探索泛读教学方式，助力教师专业发展，提升学生阅读素养。工作坊成员历经十几年，进行了四轮泛读教学研究与实践探索，提出或改良了多种泛读教学方式。

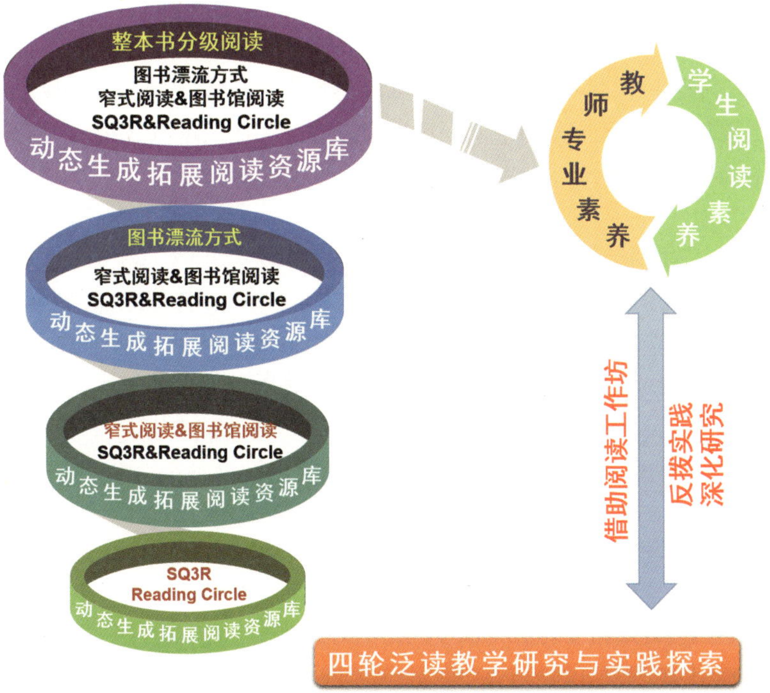

图 9-7　四轮泛读教学研究与实践探索

在第一轮研究与探索（2008—2011 年）中，工作坊成员对单一的泛读教学方式进行改革，形成适合朝阳区学情的 SQ3R 教学法和阅读圈教学法。SQ3R 适用于框架结构比较清晰的文章，经过改进与优化，工作坊成员将其调整为 Survey-Question-Read-Retell-Recycle，其中 Recycle 的目的在于将所学知识应用到新的情境中，以实现迁移创新。阅读圈则打破了以往固有的以开放性问题作结的读后环节设计，促进学生自主阅读、合作阅读。

第二轮（2012—2015 年）探索出新的泛读教学方式：窄式阅读和图书馆开放阅读。窄式阅读的步骤是“话题情境创设—文本结构剖析—主题拓展阅读”，深化对所学内容的意义建构。图书馆开放阅读则鼓励学生在图书馆内自由查找收集资料，分享小组阅读成果。

第三轮（2016—2020年）聚焦英语分级阅读改革，通过开发图书漂流方式，提升教师泛读教学能力。

第四轮（2021年至今）聚焦群文阅读改革，通过选取与教材单元主题一致的语篇，继续提升教师泛读教学能力。

第四，探索“备课—说课—修改—试讲—再重建—再修改—展示—反思”的磨课流程，集工作坊成员的全体智慧，把教师习得的理论知识应用到课堂实践中，以达到理论联系实际的教学改进作用。

教研工作坊整体架构研究计划在课题引领下逐步实施，十几年来，先后有三十余名实验校教师承担市、区级研究课任务，26人获国家级、市级课例、教学设计一、二等奖。此外，赵文娟老师带领工作坊成员于2019年、2021年和2022年受邀参加“全国中小学英语阅读教学学术研讨会”并做主题发言，泛读教学论著《阅读“坊”谈》于2023年出版。总而言之，阅读教研工作坊对朝阳区一线教师的泛读教学起到了引领示范作用，有效落实了对学生核心素养的培养。

（六）以课例研究提升高中英语教师阅读教学能力的实践探究

案例作者：许立新（南京师范大学教师教育学院）

1. 高中英语教师阅读能力提升的研究方法

课例研究是一种改进课堂教学实践的研究范式，它既是一个教学学习系统，也是一种教师专业发展的实践，其核心是探究能够促进学生学习的有效教学（王蔷，2022）。本文的课例研究指教师研究群体以阅读教学课例为载体，以提升教师阅读教学能力为目的，以教师学习共同体为单位，以教师互助互学为主要形式，在课堂观摩和教学研讨中为解决英语课程内容六要素整合等阅读教学实践问题而开展的一种合作式研究，包括“共同商讨和确定教学改进点、共同制订教案、观摩课堂、访谈学生、共同研讨与调整教案”等多个环节构成的多轮循环教学研究（图9-8）。本课题开展的课例研究多为三轮。第三轮课例研究结束后，课例研究团队撰写课例研究报告，呈现主要研究发现，开设公开课，展示研究成果。各校结合实际，也可以只开展两轮课例研究，撰写研究报告，开设公开课。这里的阅读教学能力是指教师的阅读教学认识论、阅读教学设计能力、阅读教学实施能力、阅读教学评价能力等四个方面的知识与能力。

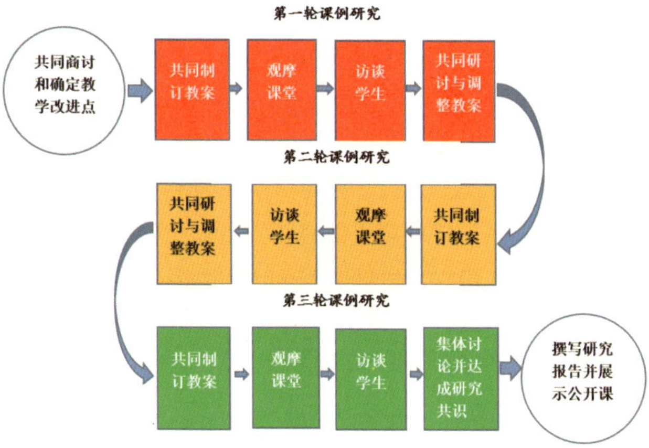

图 9-8　英语阅读教学课例研究

2. 提升文学语篇阅读教学能力的课例研究

文学语篇阅读教学具有提高学生语言素养、增进社会情感能力、提升文化意识、培养思维品质等重要价值，但教师也面临着文学语言难度较大、文化熟知度与合适性较低、教学信心不足等诸多困难与挑战。因此，开展文学语篇阅读教学课例研究，是提高英语教师阅读教学能力的一个重要方式。

以外研社《阳光英语分级阅读高一上》中的读物《国王的笑话》（*The King's Jokes*）阅读教学为例，课例研究团队将主题意义的探究作为阅读教学研究的焦点。该语篇的主题群为“人与自我——生活与学习”，子主题为“家庭生活”。为促成主题意义探究的有效性，教师对课程内容六要素进行了动态整合，通过学生访谈和教师自我反思，促进教学课例改进。受访谈的学生由教师研究团队随机抽取，但在观摩课堂教学的过程中，可根据学生的课堂学习表现，选择三名英语学习能力不同的学生，分别进行一对一访谈。访谈问题包括：①这节课你最喜欢什么？②上了这节课，你学到了什么？③哪一项教学活动最适合你？④你觉得这节课还有哪些需要改进的方面？

第一轮教学结束后，学生反馈的教学亮点有：教师引领学生由浅入深地解读文本，学生理解了西式幽默。教学改进点在于：故事情节处理较简略，文学修辞手法的教学过多，学生表达机会较少。针对学生的反馈，课例研究团队对教学目标进行了调整，在另一个班级开展了第二轮教学。教学结束后，学生在访谈中谈到：在课堂上明确了阅读文本的主题意义，学生小组讨论气氛热烈，但对专有名词的理解还存在障碍。结合课堂观摩，课例研究团队发现，在第二轮教学中，学生的学习积极性、阅读参与度、教学环节的流畅度、思维的深刻性等比第一轮教学有明显提升。

受时间限制，本课例研究只进行了两轮。本课例研究的主要结论为：文学语篇阅读教学要确立育人目标，以主题意义探究作为阅读教学的核心；围绕主题创设情境，激活学生已有经验；架设文本与学生生活世界的桥梁，引导主题意义探究。

3. 提升非虚构类语篇阅读教学能力的课例研究

由于文本内容、体裁类型、文本复杂度、学情等因素的影响，教师在非虚构类语篇阅读教学上也面临较大挑战。因此，开展非虚构类语篇阅读教学的课例研究，是提高英语教师阅读教学能力的又一重要方式。以外研社《阳光英语分级阅读高二上》中的读物《神秘的野人》（*The Mysterious Yeti*）为例，该语篇的主题群为“人与自然——自然生态”，子主题为“地球与宇宙奥秘探索”，体裁属于叙事性非虚构类语篇（narrative non-fiction）。课例研究团队将课程内容六要素整合下的非虚构类语篇整本书阅读教学策略作为研究问题，同时聚焦学生的阅读难点。

第一轮教学结束后，通过学生访谈发现学生的阅读难点在于：直接阅读这本书时，提不起兴趣；整本书虽然只有六章，但阅读仍有困难。在第二轮教学中，教师改进如下：第一，避免“冷阅读”，通过叙述一个短故事，为文本构建逻辑框架，激发学生的阅读动机与阅读兴趣；第二，要求学生识别语篇类型，理解特定的语篇类型与语言使用之间的关系，关注非虚构类语篇的语言特色；第三，注重阅读中的核心词汇教学，培养学生在情境中猜测词义的技能。

第二轮教学结束后，学生在访谈中提出：不太明白文本的写作意图，“野人是否存在”这一问题悬而未决。针对学生的阅读疑难，第三轮教学改进为：第一，多轮阅读，锚定阅读难点，凸显重读（re-reading）的价值；第二，优化问题设计，将教师提问与学生自主提问相结合，关注学生个体的阅读体验；第三，重视合作阅读与隐喻式的文本理解，讲求主题意义探究成效；第四，既深入语篇，又跳出文本，走向深度阅读，激发学生思考这一问题是否最终得以解决，培养学生的质疑精神、科学态度，保护学生的好奇心。第三轮教学效果显著。

本课例研究的主要结论是：非虚构类语篇整本书阅读教学要以主题意义为引领，

灵活整合课程内容六要素开始阅读教学；教师可从文本体裁、章节大意、语篇结构、细节阅读、语言运用、时空变化等方面引导学生进行整本书阅读，体现“整进整出”的整本书阅读教学原则；开展多轮阅读，破解阅读难题，将个人阅读与合作阅读相结合，重视隐喻式的文本理解，以高阶问题引导学生深入思考，培养学生的思维品质及注重证据的科学态度；更重要的是，要在知、信、行的过程中达成主题意义探究。

4. 课例研究与教师阅读教学能力发展

通过对英语教师的访谈发现，为期两年的课例研究促进了英语教师的阅读教学能力发展。首先，课例研究增进了英语教师对阅读与阅读教学本质的认识。有老师谈到：“课例研究给我带来了‘高收益’，让我懂得阅读不仅仅是语言解码的过程、阅读理解的过程，更是读者与文本互动的过程、语言学习的过程、认识世界的过程。”其次，每一次教学思想的碰撞，课例研究团队成员之间都可以迸发出阅读教学的思想火花，提升英语教师的阅读教学设计能力。一位老师谈到：“现在我能够明显感觉到自己对教材的解读能力更强，对教学的目标定位更加准确，教学步骤也更加合理、顺畅。”再次，通过真实的课堂观摩、多轮教学，集课例研究团队集体之智慧，课例研究提升了英语教师的阅读教学的实施能力。一位老师说：“通过课例研究，我认识到主题意义探究是阅读教学的核心任务，也懂得了如何在阅读教学中开展主题意义探究活动。”最后，课例研究提升了英语教师的阅读评价能力。课例研究关注学生群体对阅读教学课的反馈。一位老师说：“通过对不同学习能力的学生进行深入访谈，课例研究可以帮助教师更全面地看待阅读教学效果，探秘阅读课堂的‘黑箱’，调适阅读教学的精准度，也可以帮助教师更精准地评价阅读教学的实际效果。”总之，课例研究在多方面提升了英语教师的阅读教学能力。

三、英语阅读教学路径与策略

（七）促进小学生思维品质发展的阅读教学策略

案例作者：左小玉（北京市海淀区教师进修学校）

随着《高中新课标》《义教新课标》把思维品质列入英语学科核心素养，学生思维品质的培养成为英语教学研究的重点之一。《义教新课标》指出，思维品质指人的思维个性特征，反映学生在理解、分析、比较、推断、批判、评价、创造等方面的水平。基于英语教学实践中“重语言、轻思维”的状况，我们团队开展了“促进小学生思维品质发展的英语阅读教学策略”研究，旨在探索如何在英语阅读教学中系统培养学生的思维品质。

经过历时五年多的理论和实践相结合的行动研究，团队提炼出了“培养小学生思维品质的三阶段英语阅读教学策略”（图 9-9）：使用思维可视化工具解构文本，培养学生的逻辑思维；基于布卢姆认知目标分类设计阅读活动，培养学生不同层级的思维能力；基于活动理论发展学生的自主提问能力，培养其主动积极思考的习惯。

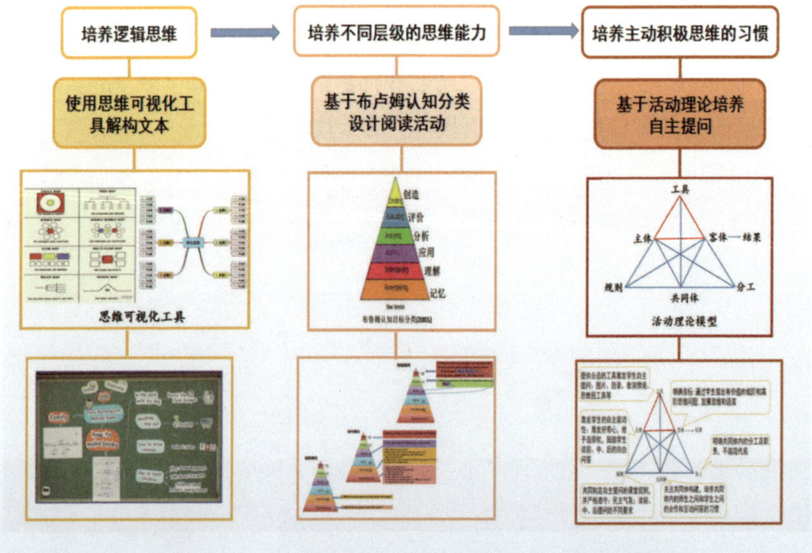

图 9-9　培养小学生思维品质的三阶段英语阅读教学策略

1. 培养学生的逻辑思维

第一阶段，教师要循序渐进地引导学生使用思维可视化工具（如思维导图、概念地图等）解构文本，发展学生思维的逻辑性，因为优秀的思维品质首先来源于优秀的逻辑思维能力。第一步：示范。教师在阅读课堂上示范使用不同的思维可视化工具解构文本，使学生理解不同的思维可视化工具所表达的不同逻辑及其构建方法。第二步：共建。教师在课堂上引导学生共同建构阅读文本的部分思维可视化图形，其他部分交给学生以小组为单位建构完成。第三步：独立完成。学生在课上、课下独立绘制阅读文本的思维可视化图形，并在小组内分享交流。经过对学生一年内阅读文本的思维可视化图形和基于图形的写作作品的追踪分析发现，全体学生思维的逻辑性得到提升，尤其是学习能力中等的学生提升最为显著。

2. 培养学生不同层次的思维能力

第二阶段，教师基于布卢姆认知目标分类设计读前、读中、读后阅读活动，培养学生不同层级的思维能力：记忆、理解、应用、分析、评价、创造。教师针对阅读文本设计不同层级的提问，并根据单元或文本主题甄选问题，再根据教学情境安排提问的顺序。分析教师的提问后发现，读前、读中、读后问题几乎覆盖认知目标分类中的所有层级，并随着阅读课从读前到读后的推进，高阶思维问题（如分析、评价、创造）的比例逐步增加，直至在读后达到 100%。对教师提问的思维层级和学生答语的数量进行关联分析后发现，教师的高阶思维提问激发了学生更多的思维活动和语言产出。在教师不同思维层级的提问引导下，学生的思维活跃度呈波状起伏，其思维呈现从低阶思维（记忆、理解、应用）到高阶思维（分析、评价和创造）螺旋式上升的特点。

3. 培养学生主动积极思维的习惯

经过前两个阶段的培养，学生思维的逻辑性和层次性得到了较大发展，但是其思维发展仍然囿于教师的提问和任务，呈现被动应答的状态，欠缺主动性和积极性。因此，在第三阶段，教师基于活动理论设计阅读活动，使主体、工具、客体、规则、共同体、分工六要素共同协作，有效培养学生在读前、读中、读后的自主提问能力，培养其积极主动思考的习惯（图 9-10）。

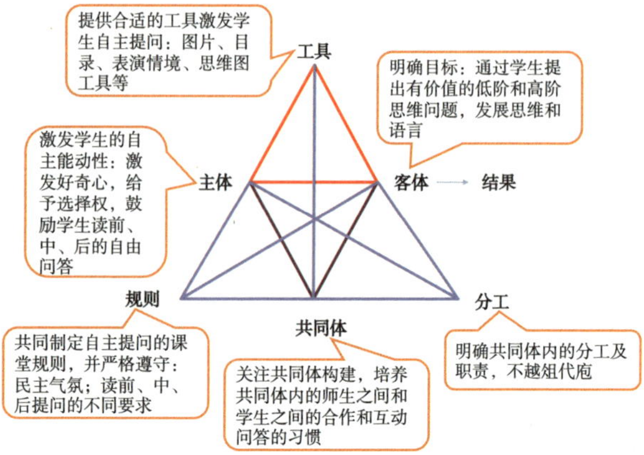

图 9-10　基于活动理论培养学生自主提问

融合活动理论六要素的阅读教学环节如下：

第一步，在读前，教师引导学生观察讨论文本标题、目录、图片等（工具），预测文本内容，激发学生（主体）的好奇心，使其在阅读前具有强烈的提问动机和热情，并通过小组（共同体）讨论激活思维、解决语言障碍，顺利提出预测性问题（客体）。教师在黑板上板书学生提出的所有问题。

第二步，学生快速浏览文本之后，选择黑板上的任意问题回答（给主体足够的选择权，激发其能动性）。

第三步，在详细阅读文本环节，教师首先引导学生通过思维可视化工具或表演等直观方式展示其对部分文本的理解，接着把余下的文本分成几个部分，分给不同的小组，由其分工合作完成思维可视化工具或表演（工具），介绍或展示给全体学生看，并与学生互动问答（客体）。

第四步，教师借助完整的文本结构图、故事情境或表演等直观工具，激发和鼓励学生深层提问、勇于质疑（客体）。

第五步，教师引导学生回顾黑板上的问题，若有超出文本内容不能回答的问题，则让学生认领，课下借助互联网等工具探寻答案，在下一节课揭晓。

在以上的五个步骤中，学生是学习的主体，由始至终积极主动提问并探索答案；

读前、读中、读后激发学生提问的直观工具由碎片化的部分变成结构化的整体；师生和小组作为共同体遵循规则，分工合作；目标是实现学生在读前、读中、读后不断进行深入的，有意义、有价值的自主提问，促进其语言、思维和情感的融合发展。数据显示，在基于活动理论鼓励学生自主提问的课堂上，参与自主提问的学生越来越多，高阶思维问题的比例越来越高，从读前的 0，直至读后的 100%。这与教师基于布卢姆认知目标分类的阅读课堂提问中的高阶思维问题在读前、读中、读后的分布规律惊人地相似。这说明学生思维发展的高度不可设限，同时又说明前期教师的提问对学生提问的潜移默化的影响力不可低估。

这三个阶段中，前两个阶段是第三个阶段的基础。在第三个阶段，学生运用在第一阶段所获得的逻辑思维能力和第二阶段所获得的高阶思维能力，以小组为单位，自主提问进行互动，积极推动思维碰撞，发展思维的主动性、批判性和创造性，逐步养成主动思考，勇于质疑，善于发现问题、分析问题和解决问题的习惯，最终在阅读中形成优秀的思维品质。

本案例三个阶段的阅读教学策略是依据相关理论，在数十个案例实践探索中提炼出来的具体操作方法，系统地、循序渐进地培养学生思维的逻辑性、层级性和主动性，取得了显著的成效。

（八）分阶段提升小学生读写能力的教学策略

案例作者：林红（北京市昌平区教师进修学校）

1. 小学生英语读写结合教学推进路径

调查发现，小学生写作能力较弱，主要表现为：写作兴趣差，写作内容空乏，写作结构逻辑性差等。依据输入假说与输出假说，及互文性理论和整体教学理论，本文旨在探讨如何从阅读出发，基于小学不同阶段不同的读写目标，运用不同的读写结合模式开展读写结合教学（图 9-11），解决小学生存在的实际写作问题，同时持续培养阅读能力，提升英语写作能力。

图 9-11　小学英语读写结合教学推进路径

2. 小学低年级的读写结合形式

小学低年级处于阅读起步阶段，教学中一般采用图片环游的教学方法。基于“图片环游”的读写结合教学模式（图 9-12），依托语篇内容，重点突出阅读体验，激发阅读兴趣。教学中，教师通过阅读过程中的读思结合帮助学生理解语篇，学习语言；通过创设情景帮助学生内化语言及构建表达结构；通过联系实际生活设计写作任务；最后通过读说结合的方式进行作品展示。在整个学习过程中，学生享受阅读、积累语言，达成简单的输出，并在输出中将读写与个人的生活建立联系，描述真实情景，表达真实感受。

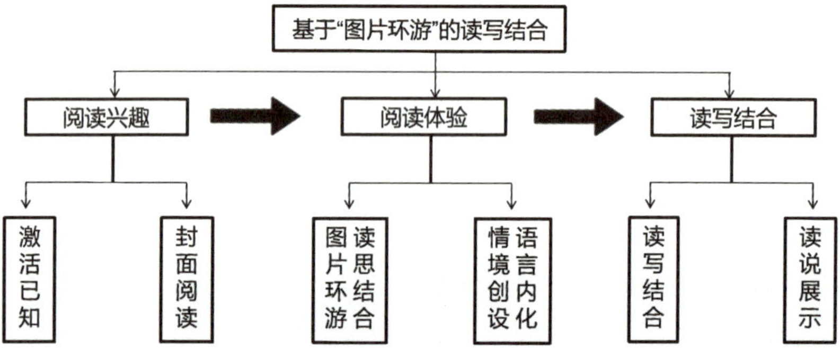

图 9-12　基于“图片环游”的读写结合

3. 小学中年级的读写结合形式

在小学中年级，学生需要进一步提升阅读能力，同时从仿写开始培养写作能力。在“阅读—建构—写作”的读写结合教学模式（图 9-13）中，教师通过设计并引导学生运用思维导图等支架，在阅读和写作之间建立桥梁，促进学生读写能力的提升，即：在师生共读语篇中，在教师的引导下，学生边读边思边写，构建有关语篇的思维导图；学生通过联系实际情况重建导图，完成从读到写的转换；学生按照重建的导图开展写作活动。该活动适用于结构完整、逻辑清晰的语篇。

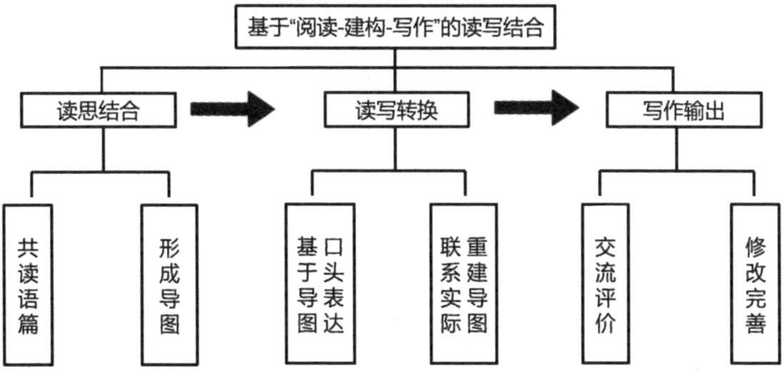

图 9-13　基于"阅读—建构—写作"的读写结合

小学中年级也适合开展以写促读的读写结合教学（图 9-14）。教师首先引导学生预测文本内容。接下来学生开展自主阅读，运用任务单获取、梳理信息，并建构信息间的联系，这个过程也可以通过小组合作的方式降低阅读难度。最后通过全班反馈的形式内化语言和结构，根据任务单完成对语篇的口头表达，达成对语篇的深度理解。该策略适用于难度稍高或篇幅较长，但其中有多个结构相似段落的语篇。

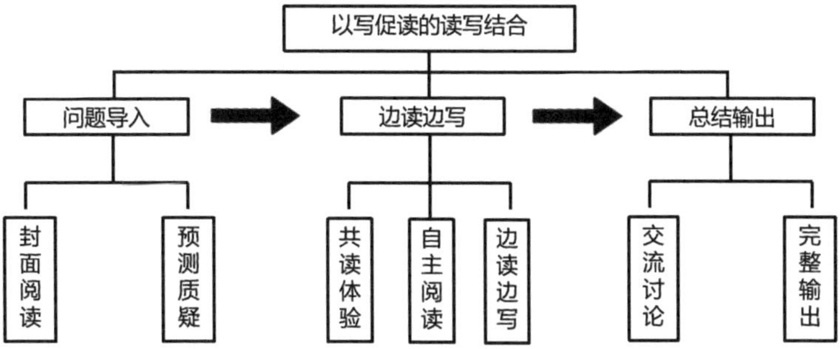

图 9-14　以写促读的读写结合

4. 小学高年级读写结合形式

在小学高年级开展读写结合教学时，教师应为学生提供更多自主阅读的机会，并围绕阅读材料和真实生活开展主题写作活动。开展综合性读写（图 9-15）活动时，需要首先确定写作主题及读者对象，明确写作目的。随后基于写作任务，有目的地在阅读活动中学习语言及逻辑结构，形成写作思路。然后展开班级讨论，交流写作思路，最终开展独立写作。经过自评和师评，学生进一步修改完善自己的写作作品。在完成写作的过程中，教师适时提供更多的语言材料，为学生完成和修改作品提供支持。

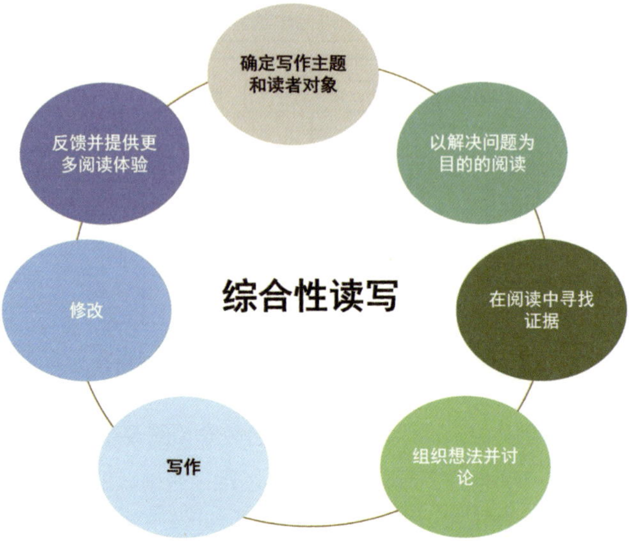

图 9-15　综合性读写

阅读圈作为一种培养学生自主阅读能力的阅读途径，也非常适合开展读写结合的教学活动。基于“阅读圈”开展读写结合教学（图 9-16）时，教师设计任务单时着力突出语篇语言和结构的特点，引导学生读思结合。在自主阅读时，通过任务单引导学生边思边写，并通过互动交流、全班讨论促进学生表达，实现读写共生。同时，教师强化任务单的修改完善，提升学生写的质量，并把任务单的某一任务延伸到课下，进一步拓展写的广度与深度，实现读写融合、读写共生。这种读写结合教学模式适用于语篇结构复杂、主线不清晰的语篇。

基于“阅读圈”的读写共生与基于“阅读圈”的阅读有以下两点不同：第一，读写共生的任务单从满足阅读所要关注的角度进行设计，同时也从写作目的出发；第二，读写共生在关注学生阅读理解的基础上，同时关注学生基于任务的写作内容及质量，是在基于“阅读圈”的阅读的基础上对学生写作能力的进一步关注。

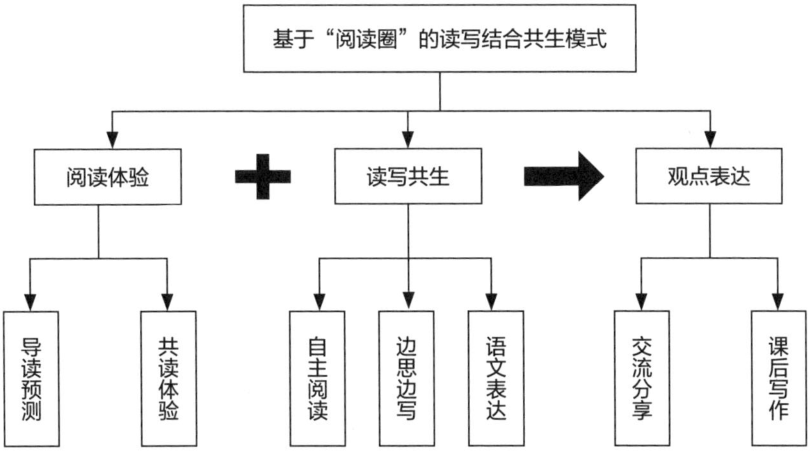

图 9-16　基于“阅读圈”的读写结合共生模式

小学高年级的读写结合也可以依托单元内的多个语篇，通过读写共进的方式开展（图 9-17）。在教学中，教师结合单元主题设计单元整体教学，围绕单元主题确定写作任务，并基于各语篇内容将写作任务拆分成多个小的写作任务。教师围绕语篇开展读写结合教学，学生边读边写；在每个语篇的读写结合完成后，通过阅读样例语篇，进一步完善语篇结构，然后整合并修改前期的写作作品，形成完整的、围绕单元主题的写作作品。这样的写作模式适用于基于主题的写作任务，教师需要提炼出各语篇的主题并合理拆分任务，形成逻辑合理、递进式的写作任务群。

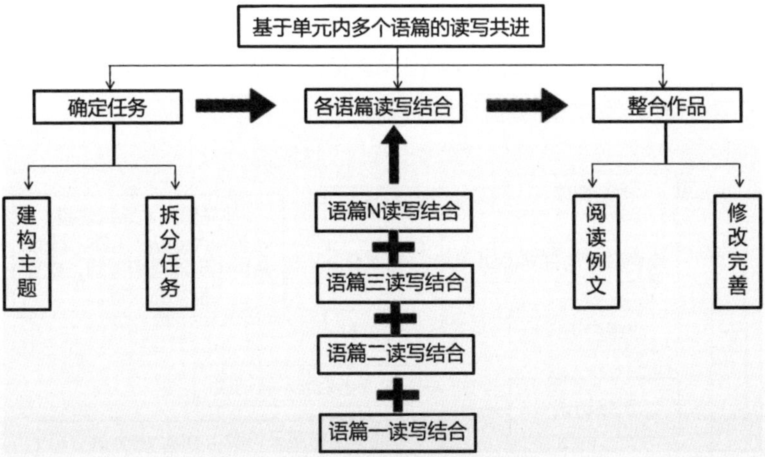

图 9-17　基于单元内多个语篇的读写共进

在小学不同阶段，根据学生的认知特点、语言发展水平及读写能力，运用不同的读写结合模式开展读写结合教学，可以循序渐进地培养学生的读写能力，促进学生读写素养的发展。

（九）高中英语阅读教学“迁移创新”读后活动的设计与实施

案例作者：张文英（广东省深圳市南山区教育科学研究院）

1. 背景介绍与案例情况介绍

针对目前高中英语阅读课读后活动存在的问题与现状，本案例采用问卷调查、访谈、课堂观察和案例分析等研究方法，实践和探究如何设计由浅入深的，语言、思维、文化相融合的英语阅读读后活动，探索有利于促进学生学科核心素养养成的有效路径。

2. “迁移创新”类读后活动设计实践策略

案例基于理论研读、课例实践，总结并归纳出以下几种聚焦高阶思维与迁移能力培养、具备一定推广意义的“迁移创新”类读后活动策略。

（1）小组访谈活动

小组访谈活动作为一种多轮次对话活动，可以促使学生有效地将文本、主题与个人生活相联系，在螺旋式的“问”与“答”中实现综合性与实践性的输出，体现高阶思维的相关性（relevance）、丰富性（richness）与迁移性（recursiveness）等特征，以及“内化与交流”的深度学习课堂特征，适用于人物传记类文本。基于课例实践，小组访谈活动的主要流程如下图。

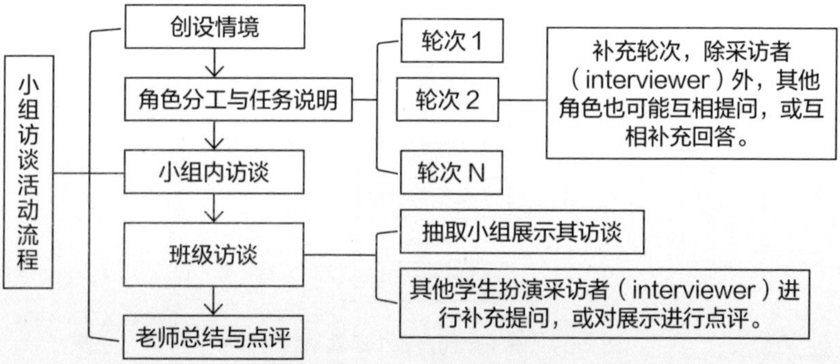

图9-18　小组访谈活动流程

小组访谈活动通过角色扮演与多轮次对话，促使学生深度挖掘文本，并结合个人经验进行逻辑性与创造性的信息加工，既发展了学生的高阶思维，又充分考虑到学生的个体差异，实现了学生之间的有效交流。

（2）创新提案活动

创新提案源自模拟联合国活动，是一种集分组设计、跨组投票、集体展示与问答于一体的综合性活动，除了用作项目式学习，也适用于议论文与说明文文本的读后迁移。在实施中，创新提案亦可结合制作海报（poster-making）、项目设计（project-design）等子策略，根据所读语篇主题，创设用于迁移的议题。议题的创设应当和文本主题有高关联性，且贴近学生生活，同时最好具有一定的可议性，有利于培养学生解决问题的思维能力。创设议题之后，还需根据议题确定 4~6 种利益攸关方的角色，角色通常包含社会人士、政府等角色。

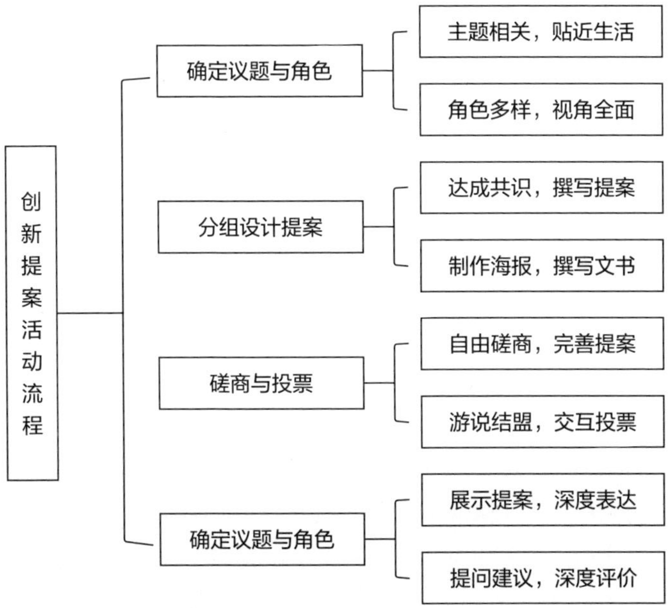

图 9-19　创新提案活动流程

（3）续写活动

在读后续写活动中，学生阅读一篇结尾不完整的故事，通过分析推理，补全结尾，以此检验其阅读能力、分析能力和语言表达能力。这是一种在记叙文教学中能够有效激发学生阅读愿望，提升学生逻辑思维能力和创新思维能力，并鼓励学生在写作活动中表达观点的读后活动，在实施时要特别关注教、学、评一致性，每个环节可开展的活动如下图。

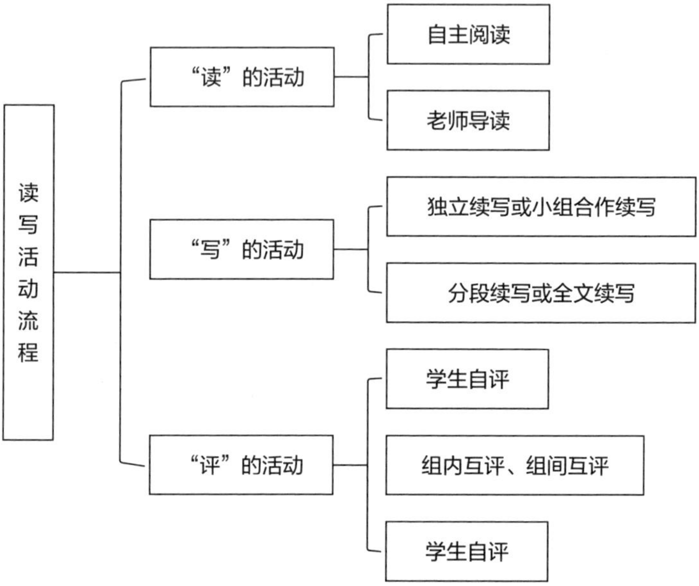

图 9-20　读写活动流程

在进行“读”的活动时，可以借助概念地图对所读内容进行梳理；在进行“写”的活动时，可以进行多轮次的“写—评—改”活动，亦可以借助小组活动开展丰富的合作学习。

（4）编者剧场活动

编者剧场活动是在传统的读者剧场活动基础上，鼓励学生基于对文本主题的理解、人物角色的挖掘等，在新的情境中，改编或者新编对话、旁白、独白等，甚至创造性地添加新角色。该活动适用于剧本阅读教学及记叙文阅读教学。

以外研社《多维阅读（第19级）》中的读物《将错就错》（*The Wrong Trolley*）为例。故事讲述的是一位父亲带着儿女去超市购物，阴差阳错推了别人的购物车，回家后面对陌生的异国特色食材，借助互联网的帮助，尝试烹饪并获得成功。书中人物的语言和对白非常精彩，在人物性格的塑造上起着至关重要的作用，也为学生解读人物性格特征、探究语篇主题提供了充足的分析语料。完成阅读任务后，教师邀请学生结合故事内容展开想象，新编对话。

（5）辩论圈活动

照进现实且有争议的话题总是可以极大地激发学生表达与探究的欲望，而辩论活动具有发散性、批判性、创新性、即兴性等特点，对发展学生的高阶思维有明显的促进作用。本案例提出的辩论圈活动适用于观点鲜明的论述类文本，主题突出的群文阅读尤佳，可作为延时性读后活动。具体活动流程如下图。

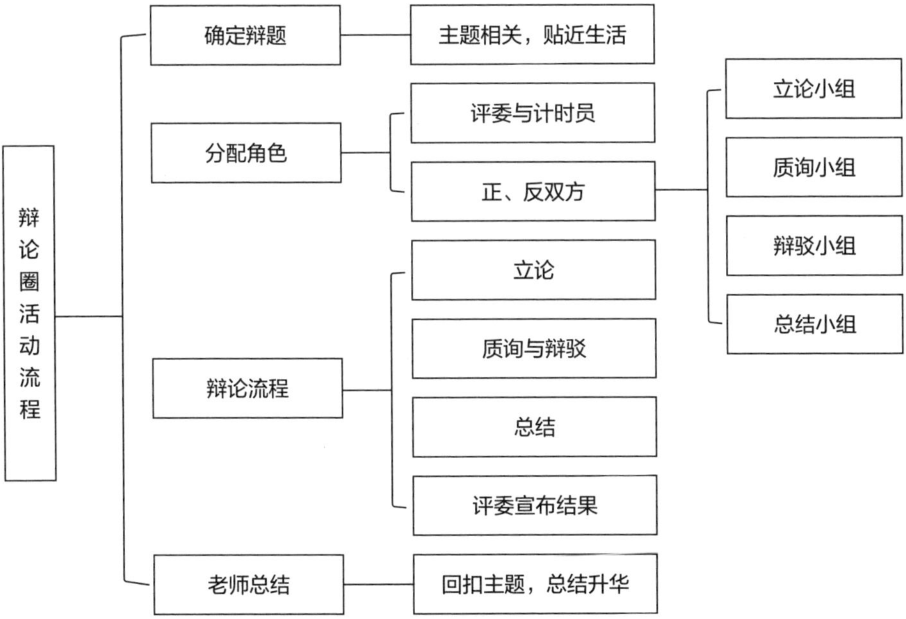

图 9-21　辩论圈活动流程

（6）读写圈活动

脱胎于聚焦学生自主阅读、讨论与分析的阅读圈活动，读写圈活动可在读写任务中充当链接阅读与写作（仿写 / 续写）的桥梁，通过角色分配及任务单指引，学生在课堂上以小组为单位，探究阅读文本的主题、深度学习文体特征及重点关注目标语言后，在关联情境下，发挥想象与创造力，在完成写作的任务中顺利迁移阅读所得。

读写圈活动适用于说明文、论述文、应用文的读后仿写，和记叙文的读后续写任务，其框架如下图。

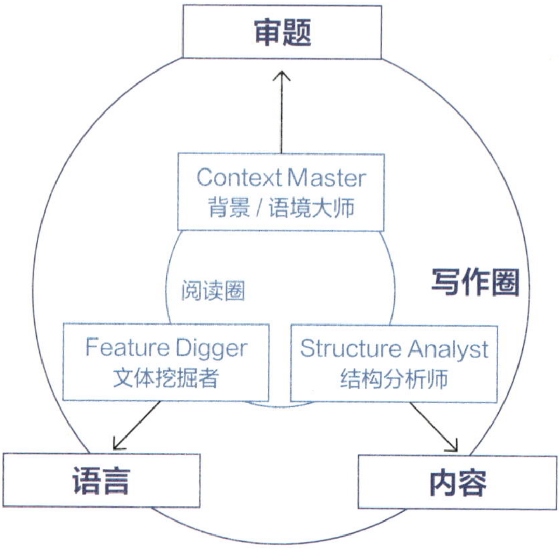

图 9-22　读写圈活动流程框架

2023 年，国内英语阅读教育工作者对阅读教学高度关注，从理论和实践上都有丰富的研究产出，希望这些研究能够对英语教师有所启发，进一步助推英语阅读教学的发展。

参考文献

ALJANABI M. ChatGPT: Future Directions and Open possibilities [J].Mesopotamian Journal of Cyber Security, 2023, 16-17.

AMRANE-COOPER L, BAUME D, HATZIPANNAGOS S, et al. Taking assessment online — systems, issues and practices: a case study[M]//AMRANE-COOPER L, BAUME D, BROWN S et al. Online and distance education for a connected world. London: UCL Press, 2023: 211-226.

BEZIRHAN U, DAVIER M. Automated reading passage generation with OpenAI's large language model[J/OL]. Computers and Education: Artificial Intelligence, 2023, 5.

CELIK I. Exploring the Determinants of Artificial Intelligence (AI) Literacy: Digital Divide, Computational Thinking, Cognitive Absorption[J/OL]. Telematics and Informatics, 2023, 83.

CIAMPA K. ICANREAD: The Effects of an Online Reading Program on Grade 1 Students' Engagement and Comprehension Strategy Use[J]. Journal of Research on Technology in Education, 2012, 45(1): 27-59.

ERICSSON E, JOHANSSON S. English speaking practice with conversational AI: Lower secondary students' educational experiences over time[J/OL]. Computers and Education: Artificial Intelligence, 2023, 5.

FURENES M I, KUCIRKOVA N, BUS A. A Comparison of Children's Reading on Paper Versus Screen: A Meta-Analysis[J]. Review of Educational Research, 2021, 91(4): 483-517.

GURCHIEK K. AI is changing the skills that employers want from workers[EB/OL]. SHRM. (2023-08-18).

HOI S C H. Responsible AI for Trusted AI-powered Enterprise Platforms[C]//WSDM '23: Proceedings of the Sixteenth ACM International Conference on Web Search and Data Mining, New York: Association for Computing Machinery, 2023:1277-1278.

HOLMES W, TUOMI I. State of the art and practice in AI in education[J]. European Journal of Education, 2022, 57(4): 542-570.

KIM H W, RO E S. Additive extensive reading and syntactic development in second language writing: Analyses of syntactic complexity and sophistication in young EFL learners' book reports[J/OL]. Journal of Second Language Writing, 2023, 61.

KUCIRKOVA N. Children's reading with Digital Books: Past moving quickly to the future[J]. Child Development Perspectives, 2019, 13(4): 208-214.

LAURICELLA A R, BARR R, CALVERT S L. Parent-child interactions during traditional and computer storybook reading for children's comprehension: implications for electronic storybook design[J]. International Journal of Child-Computer Interaction, 2014, 2(1): 17-25.

MIZUMOTO A, EGUCHI M. Exploring the potential of using an AI language model forautomated essay scoring[J/OL]. Research Methods in Applied Linguistics, 2023, 2.

MOGAVI R H, DENG C, KIM J J, et al. ChatGPT in education: A blessing or a curse? A qualitative study exploring early adopters' utilization and perceptions[J]. Computers in Human Behavior: Artificial Humans, 2024(1).

MOLLMAN S. Bill Gates says A.I. like ChatGPT is 'every bit as important as the PC, as the internet' [EB/OL]. FORTUNE (2023-02-02).

PRAPHAN P W, PRAPHAN K. AI technologies in the ESL/EFL writing classroom: The villain or the champion?[J/OL]. Journal of Second Language Writing, 2023, 62.

QUINN M F, PHILIPPAKOS Z A. Building a Bridge: Writing and Reading Connections in Early Childhood[J]. The Reading Teacher, 77(2): 260-267.

RUDOLPH J, TAN SAMSON, TAN SHANNON. ChatGPT: Bullshit spewer or the end of traditional assessments in higher education?[J].ED-TECH REVIEWS, 2023, 6(1): 342-362.

SERRANO-MENDIZÁBAL M, VILLALÓN R, MELERO Á, et al. Effects of two computer-based interventions on reading comprehension: Does strategy instruction matter?[J/OL]. Computers & Education, 2023, 196.

SHAMIR A, SHLAFER I. E-books effectiveness in promoting phonological awareness and concept about print: A comparison between children at risk for learning disabilities and typically developing kindergarteners[J]. Computers & Education, 2011, 57: 1989–1997.

STROUSE G A, TROSETH G L, STUCKELMAN Z D. Page and screen: Storybook features that promote parent-child talk during shared reading[J]. Journal of Applied Developmental Psychology, 2023, 86.

TAI K W H. Transcending the boundaries of mode in online language teaching: A translanguaging perspective on English as a second language teachers' synchronous small group online tutorials[J/OL], System, 2024, 121.

TROSETH G L, STROUSE G A, FLORES I, et al. An enhanced eBook facilitates parent-child talk during shared reading by families of low socioeconomic status[J]. Early Childhood Research Quarterly, 2020, 50:45-58.

TÜRK E, ERÇETIN G. Effects of interactive versus simultaneous display of multimedia glosses on L2 reading comprehension and incidental vocabulary learning[J]. Computer Assisted Language Learning, 2014, 27(1): 1-25.

VYGOTSKY L S. Mind in Society: the Development of Higher Psychological Processes[M]. Cambridge: Harvard University Press, 1978.

WANG X H, LIU Q, PANG H, et al. What matters in AI-supported learning: A study of human-AI interactions in language learning using cluster analysis and epistemic network analysis[J/OL]. Computers & Education, 2023, 194.

WARSCHAUER M, TSENG W, YIM S, et al. The affordances and contradictions of AI-generated text for writers of English as a second or foreign language[J/OL]. Journal of Second Language Writing, 2023, 62.

XIAO C R, XU S X, ZHANG K P, et al. Evaluating Reading Comprehension Exercises Generated by LLMs: A Showcase of ChatGPT in Education Applications. Proceedings of the 18th Workshop on Innovative Use of NLP for Building Educational Applications (BEA 2023)[C], Toronto: Association for Computational Linguistics, 2023: 610-625.

ZHAI X S, CHU X Y, CHAI C S, et al. A Review of Artificial Intelligence (AI) in Education from 2010 to 2020[J].Complexity, 2021(6): 1-18.

ZHAI C P, WIBOWO S. A systematic review on artificial intelligence dialogue systems for enhancing English as foreign language students' interactional competence in the university[J/OL]. Computers and Education: Artificial Intelligence, 2023, 4.

ZHOU T Q, CAO S Y, ZHOU S R, et al. Chinese intermediate English learners outdid ChatGPT in deep cohesion: Evidence from English narrative writing[J/OL]. System, 2023, 118.

蔡迎春、刘新明 . 通过自然拼读法提升初中生英语词汇学习能力及阅读能力的实践研究——以北京市朝阳区芳草地国际学校甘露园分校自然拼读校本课程探索为例 [J]. 英语学习，2023(01): 59-64.

陈芳 . 基于整本书阅读的初中英语综合实践活动设计 [J]. 教学月刊 · 中学版（外语教学）, 2023(09): 17-22.

陈国群 . 单元整体教学中的小学英语议论文读写结合教学实践探究 [J]. 英语学习，2023(10): 39-43.

陈香君、张小萌 . 活动理论视角下的家校协同英语阅读教育模式构建研究 [J]. 英语学习，2023(07): 24-30.

陈新忠 . 谈指向促学的英语课程非教材教学资源的选择和利用 [J]. 英语学习，2022(12): 4-7.

陈则航、罗少茜、王蔷 . 语言教学中的儿童文学——从德国 Hildesheim 国际学术会议谈起 [J]. 中小学外语教学（小学篇）, 2010, 33(06): 1-4.

陈则航、王蔷、钱小芳 . 论英语学科核心素养中的思维品质及其发展途径 [J]. 课程 . 教材 . 教法，2019, 39(01): 91-98.

程晓堂、王建平 . 小学英语故事教学的意义和方法 [J]. 黑龙江教育（小学文选）, 2008(10): 36-37.

程晓堂、谢诗语 . 英语“教—学—评”一体化的理念与实践 [J]. 中小学外语教学（中学篇）, 2023, 46(01): 1-8.

褚宏启 . 核心素养十年路 : 持续引领基础教育质量提升 [J]. 中小学管理 , 2022(07): 60-61.

丁海英 . 小学英语“4 融 4 分”课内外融合阅读区域推进探索 [J]. 教育视界 , 2023(46): 49-52+48.

樊波 . 小学阶段的英语阅读教学 [J]. 中小学外语教学（小学篇）, 2006, 29(02): 42-44.

樊波、廖燕青 . 在新课标理念下，小学英语教师如何进行大单元整体教学设计说课 [J]. 英语学习 , 2023(08): 19-24.

郭华 . 跨学科主题学习：提升育人质量的一条新路径 [J]. 人民教育 , 2023(02): 25-27.

郭华 . 中国课程改革四十年 [J]. 湖南师范大学教育科学学报 , 2018, 17(06): 1-8.

怀进鹏 . 数字变革与教育未来——在世界数字教育大会上的主旨演讲 [J]. 中国教师报 , 2023(2): 1-4.

黄燕萍 . 单元整体教学中的小学英语应用文读写结合教学实践探究 [J]. 英语学习 , 2023(10): 34-38.

蒋京丽 . 践行新课程理念 , 开展英语综合实践活动 [J]. 教学月刊 · 中学版（外语教学）, 2023(09): 7-11+22.

蒋京丽、郑津、张宏丽等 . 以基于大观念的英语教学促进学生和教师的共同成长 [J]. 教学月刊 · 中学版（外语教学）, 2022(04): 24-34+39.

经济合作与发展组织 . 教育数字化转型——人工智能、区块链和机器人技术如何赋能（李永智主译）[M]. 上海 : 上海教育出版社 , 2023.

李建东 . 微项目化学习在小学英语绘本阅读教学中的应用实践 [J]. 英语学习 , 2023(11): 54-58.

李亮、王蔷 . 核心素养背景下高中英语“教—学—评”一体化 : 理据与例析 [J]. 天津师范大学学报（基础教育版）, 2023, 24(04): 12-18.

林小漫、姚达文、吴少芹 . 引领家校社阅读 , 打造阅读生态圈——以小学英语“C-SFA”阅读生态圈模型建构为例 [J]. 英语学习 , 2023(07): 31-35.

刘红梅、徐国辉 . 续论视域下的初中生英语读写能力提升策略 [J]. 英语学习 , 2023(02): 40-45.

刘银平、王艳萍 . 主题语境下初中英语课外阅读资源的应用路径研究 [J]. 英语教师 , 2023, 23(24): 56-59.

罗少茜 . 小、初、高英语阅读评价专题概述 [J]. 英语学习 , 2023(05): 26.

罗少茜 . 英语阅读教学的多种途径 [J]. 英语学习 , 2016(02): 37-38.

罗少茜、李红梅 . 阅读的力量和热情——通过“阅读圈”燃起学生对英语阅读的热爱 [J]. 中小学课堂教学研究 , 2016(Z1): 12-16.

罗少茜、张玉美 . 阅读圈任务在英语学科核心素养教学与评价中的应用 [J]. 外语教育研究前沿 , 2020, 3(03): 27-33+91.

梅德明、王蔷 . 新时代义务教育英语课程新发展——义务教育英语课程标准（2022 年版）解读 [J]. 基础教育课程 , 2022(10): 19-25.

钱小芳 . 读写结合的英语教学研究 [J]. 英语学习 , 2022(04): 46-52.
钱小芳、但清瑶 . 小学英语教材与绘本融合教学的方式与实施途径 [J]. 中小学外语教学（小学篇）, 2021, 44(10): 1-5.
钱小芳、管鹏飞、许清霞 . 指向深度学习的高中英语读写结合教学策略——基于实践改进的磨课案例 [J]. 英语学习 , 2023(11): 33-38.
钱小芳、王蔷、崔梦婷 . 以核心素养为导向的小学英语绘本阅读课堂教学设计理念初探 [J]. 英语学习 , 2018(11): 36-39.
孙晓慧、王蔷、钱小芳 . 基于英语学科核心素养的中学英语阅读教学设计理念初探 [J]. 中小学外语教学（中学篇）, 2017, 40(12): 27-30.
王丁丁 . ChatGPT 赋能初中英语写作教学的路径探索 [J]. 教学月刊 · 中学版（外语教学）, 2023, (11): 31-37.
王芳 . 关联视角下的小学英语单元整体读写结合教学实践策略 [J]. 英语学习 , 2023(10): 23-28.
王建平、孙宏志 . 运用创造性复述提升学生英语读写能力——以《多维阅读》第 7 级 Lazy Lily 为例 [J]. 小学教学设计 , 2023(Z3): 111-114.
王建平、王帆 . 指向主题意义探究的小学英语绘本阅读教学设计与分析 [J]. 英语学习 , 2023(02): 31-34.
王蔷 . 国际小学外语教学研究及其启示 [J]. 课程 . 教材 . 教法 , 2005(01): 84-90.
王蔷 . 改革开放 30 年中国基础外语教育的回顾与前景展望 [J]. 中小学外语教学（中学篇）, 2009, 32(02): 1-5.
王蔷 . 提高小学生英语阅读素养的理论与实践探索——基于全国教育科学“十二五”规划课题的研究 [J]. 英语学习 , 2015(05): 40-44.
王蔷 . 从综合语言运用能力到英语学科核心素养——高中英语课程改革的新挑战 [J]. 英语教师 , 2015(16): 6-7.
王蔷、陈则航 . 中小学生英语分级阅读标准的研制与内容概览 [J]. 中小学外语教学（中学篇）, 2016, 39(09): 1-9.
王蔷 . 核心素养背景下英语阅读教学 : 问题、原则、目标与路径 [J]. 英语学习 , 2017(02): 19-23.
王蔷、敖娜仁图雅 . 中小学英语绘本教学的途径与方法 [J]. 课程 . 教材 . 教法 , 2017, 37(04): 68-73.
王蔷 .《普通高中英语课程标准 (2017 年版)》六大变化之解析 [J]. 中国外语教育 , 2018, 11(02): 11-19+84.
王蔷 . 在英语教学中开展读写结合教学的意义及实施途径 [J]. 英语学习 , 2020(05): 26-32.
王蔷 . 课例研究——植根于课堂的外语教师专业发展途径 [J]. 中国外语 . 2020(11): 55-61.
王蔷 . 连接拼读、阅读与写作教学——均衡的英语读写素养发展模式探析 [J]. 英语学习 , 2021(06): 27-35.

王蔷、蒋京丽 . 以核心素养为导向构建与英语新课标相适应的新型学业评价 [J]. 中国考试，2023(01): 67-73.

王蔷、刘诗雨 . 在英语教学中开展跨学科主题学习的意义与关键问题解决 [J]. 英语学习，2023(07): 4-11.

王蔷、刘诗雨 . 指向课程协同育人功能的英语跨学科主题学习——定位、内涵、理念、目标、要求及价值 [J]. 教学月刊 · 中学版（外语教学），2023(Z2): 3-10.

王蔷、孙万磊、李雪如 . 从外语教学走向外语教育：新时代中小学英语课程体系的建构——《义务教育英语课程标准（2022 年版）》解读 [J]. 中小学外语教学（中学篇），2022, 45(10): 1-8.

王蔷、孙薇薇、蔡铭珂等 . 指向深度学习的高中英语单元整体教学设计 [J]. 外语教育研究前沿，2021, 4(01): 17-25+87-88.

王蔷、姚小敏、姜莹辉等 . 我国中小学英语教育研究趋势及特点分析——基于中国知网（2005~2022 年）学术期刊文章 [J]. 中小学外语教学（中学篇），2023, 46(04): 1-8.

王蔷、周密、蔡铭珂 . 基于大观念的高中英语单元整体教学设计 [J]. 中小学外语教学（中学篇），2021, 44(01): 1-7.

王蔷、周密、孙万磊 . 重构英语课程内容观，探析内容深层结构——《义务教育英语课程标准（2022 年版）》课程内容解读 [J]. 课程 . 教材 . 教法，2022, 42(08): 39-46.

王群、蒋宇红 . 英语小说文本读后续写微剧本教学实践——以《多维阅读》（第 20 级）Lesson from Lea 为例 [J]. 英语学习 . 2022(12): 39-43.

王佑镁、王旦、梁炜怡、柳晨晨 . "阿拉丁神灯"还是"潘多拉魔盒"：ChatGPT 教育应用的潜能与风险 [J]. 现代远程教育研究，2023, 35(2): 11-19.

王琤、宋琼、孙斌 . 产出导向视域下高中生读后续写能力提升的路径——基于高分组与低分组读后续写能力差异的分析 [J]. 教学月刊 · 中学版（外语教学），2023(10): 21-26.

武茜 . 单元整体教学中的小学英语叙事类文体读写结合教学实践探究 [J]. 英语学习，2023(10): 29-33.

夏雪梅 . 项目化学习设计：学习素养视角下的国际与本土实践 [M]. 北京：教育科学出版社，2018.

小学英语整体改革实验项目课题组、王蔷 . 小学英语课程整体改革实验系列报告之一 小学英语整体改革实验项目的研究背景与研究设计 [J]. 中小学外语教学（小学篇），2008, 31(02): 1-6.

向瑞方、张金秀 . 导学案在中学英语泛读教学中的有效运用 [J]. 英语学习，2023(01): 50-54.

徐雁、王余光 . 中国阅读大辞典 [M]. 南京：南京大学出版社，2016.

许哲、徐和祥 . 全景式阅读场景下数据驱动的学生阅读素养评价的内涵、方法及实现路径 [J]. 电化教育研究，2022, 43(10): 79-85.

杨宗凯、王俊、吴砥等 .ChatGPT/ 生成式人工智能对教育的影响探析及应对策略 [J]. 华东师范大学学报（教育科学版），2023, 41(07): 26-35.

姚达文、林小漫、吴少芹 . 打造区域"C-SFA"阅读生态圈提升学生英语阅读素养 [J]. 教学月刊（小学版）, 2022(4): 14-17.

余苏丹、赵杰 . 生成式人工智能在英语词汇学习中的应用 [J]. 英语学习 , 2024(1): 12-18.

张春青、费胜昌、谢慧萍等 . 读后续写的教学与备考建议（上）[J]. 英语学习 ,2017(07):31-34.

张金秀 . 中小学英语主题教学：从概念理解到实践改进 [J]. 英语学习 , 2022(10): 10-15.

张志勇 . 校家社协同育人是一种教育新生态 [J]. 小学教学研究 , 2023(34): 1.

赵文娟、李伟 . 故事地图在初中英语故事类文本读后续写教学实践中的运用 [J]. 英语学习 , 2023(06): 40-44.

赵文娟、王桢 . 跨学科视域下的初中英语阅读教学策略初探 [J]. 中小学英语教学与研究 , 2023(04): 33-36.

郑翅、高毅哲 . 数字教育 引领未来——我国教育数字化工作取得积极成效综述 [N] 中国教育报 . 2024-01-30.

郑鸿颖、段茂君 . 基于深度学习三维状态表征的儿童英语绘本教学策略——以 The Reading Strategies Book 三种阅读教学策略为例 [J]. 教育科学论坛 , 2022(19): 17-21.

郑鸿颖、吴美君 . 指向单元整体教学的英语课程逆向设计理论创新与实践 [J]. 英语学习 , 2023(04): 23-28.

朱永新 . 推进家校社政合作共育 创造良好和谐教育生态 [J]. 中国德育 , 2023(03): 1.

朱永新、杨帆 . ChatGPT/ 生成式人工智能与教育创新：机遇、挑战以及未来 [J]. 华东师范大学学报（教育科学版）, 2023(07): 1-14.

周洪宇、李宇阳 . ChatGPT 对教育生态的冲击及应对策略 [J]. 新疆师范大学学报（哲学社会科学版）, 2023, 44(4): 102-112.